自浄力のすすめ

心のガラクタの片づけ方

日下由紀恵

はじめに

生きづらさを感じている方たちへ

みなさんは楽しくお仕事できていますか。
家族と仲はいいですか。
人生に絶望してはいませんか。

スピリチュアルカウンセラーとしてこれまで２０００人以上の方のお悩みに

耳を傾けてきた中で、感じたことがあります。それは、もし今みなさんが人間関係を苦しく感じていたり、何のために生きているのかわからなくなっていたりするなら、「それは間違っていない」ということです。

この世というのは、人が生きていくにはあまりにも過酷な場所。何を指標にしていいか、わからなくなって当たり前の場所なのです。

私は10年前に離婚をし、2人の子どもを持つシングルマザーとなりました。ひとり親で働きながら子どもを育てる生活は厳しく、そのうち仕事をなくし、家賃や税金を滞納するようになり、借金の督促状に埋もれ、挙句の果てに無理心中まで考える、そんなすれすれのぎりぎりで生きていたある日、神様の声を聞き、その導きを受けるという不思議な体験をします。

神様から宇宙真理を聞くうちに、私はそれまでの自分自身やお手本としていた当たり前の常識を丸ごとひっくり返されることとなりました。

人を動かす真の力というのは、学歴や収入、ビジュアルといった、見かけや数字で測れるものでは決してないこと、自分の〝好き〟に耳を傾けてあげられないと間違ったものになびいてしまうこと、私たちはみな、自分の潜在能力をほとんど使えておらず、それを開花させるためにあえて苦しい状況が起こっているということ……。

幸せを開花させ、確信を積み重ね、揺るがない人生にしていくうえで私たちにたりないもの――それは人生の基礎力なのだと教えられたのです。

そうして言われるままに意識を変え、実行していくうち、図らずもそれまでの自分を完全に脱ぎ捨て、新しい人生の上昇気流に乗ることができるようになりました。

2012年、永岡書店さんがまとめてくださった本をもとに、今回、リニューアル版として大幅に加筆し、新しい形でみなさんにお届けできることをうれしく思います。が、初版当時は過酷な現実の中にも、まだ希望の光を見出せていましたが、今は差し込む光を見つけることすら難しい時代になってきました。どうしていいかわからない、つらいことばかりの人生。

けれどこんな場所にも上昇気流は確実に存在しています。

本書には神様から教えてもらった、現代の上昇気流に乗るためのヒントが詰まっています。人生がスピードダウンしてきたと感じたら、自分の内なる光からのメッセージを受け取るタイミング。過去の自分は、ほんの少しの意識でリセットできます。さぁ、今から新しい自分に生まれ変わりましょう。

本来の天職や才能を開き、ありったけの光で人生を輝かせ、自分の「好き！」を誇り、内なる光からの声をキャッチできるあなたになりますように。

日下由紀恵

CONTENTS

もくじ

第2章 ガラクタの原因となるものは、こんなところに潜んでいます

CONTENTS

第3章
ガラクタを手放し、あなただけの人生を好転させましょう

CONTENTS

第4章 自浄力を身につけるためにあなたができること 117

CONTENTS

CONTENTS

第6章 自浄力を研ぎすまし、人生を自分らしく生きましょう

CONTENTS

「自浄力」とは何でしょう

どうして人生がうまくいかないの？
どうしてこんなにつらい思いをしてまで、生き続けなければいけないの？

そんな思いを誰にも言えず、苦しみながら生きているあなた。
「自分のやり方が間違っているから不運に見舞われるんだ」と思っているかもしれません。「あのとき、あの道の選択を間違えなければ、こんなことにならなかったかも」とも。

あるいは、「不幸の星のもとに生まれた存在だからどうしようもない」とあきらめてしまっているでしょうか。

きっとあなたは、自分の歩む道はすべて自分で選択している、つまり「自己責任」だと思っていることでしょう。

ところが、そうではありません。本当は誰の中にも人生をサポートし、理想の未来へと思い通りに進めさせる仕組みが設定されています。でも今はそれが機能できていない状態になっているだけ。

人生の方位磁石が止まっている

そう。私たちの身体の中には、行先を見極めるためのオートマチックな方位磁石が内蔵されています。

人生がうまくいかないとき、どうしていいかわからなくなったときというのは、その針が止まってしまっていたり、もしくはグルグルとものすごい速さで回転してしまっていたりしているのです。停滞したり混乱していた針が落ち着き、行くべき方向を指し示せるようになると、人生は楽しくサクサクと、まるですばらしい景色の中をハイキングしているように楽しく進んでいきます。

では、人生の方位磁針が停止したり、回り続けてしまったりするのは、なぜでしょう。

方位磁石の針が指す方向というのは、あなたの「好き！」「おもしろそう！」「ワクワクする！」ことです。でも、止まったりしているというのは、あなた自身が自分の「好き」や「ワクワク」を忘れている、疑っている、「好きと言ったら笑われちゃうかも……」など、あなた自身がどこに軸を合わせていいかわからなくなっている状態です。

この混乱は「○○でなければならない」から生まれているとも言えます。結婚しなくちゃいけない、子どもがいて当たり前、仕事は長く続けなければいけない、人には迷惑をかけてはいけない、周囲にはいつも笑顔で、などなど、人生には、なんと多くの「○○でなければならない」、がひしめいていることでしょう。

この「常識」にしばられて生きているうちに、狭い木枠に自分を無理やりはめ込み、削り、切り取り、その結果、すべてが停滞し始めてしまいます。

でも、それは自分が自分ではない状態で人生が進んでいることを教えるためのものなのです。

今、あなたが立ち止まってしまっているとしたら、それは神様がくれた大事な小休止にすぎません。

ナビゲーションとはぐれてしまった、あなた

さらに先ほども書きましたが、あなたは、「自分の人生は自分の責任で進む」と思っているかもしれませんね。でも、そうではないのです。

この過酷な人生は、一人の人間のささやかな経験や知識だけで滞りなく進めるものではとうていありません。ナビゲーションをしてくれる存在がなければ進めないようになっています。

ナビゲーションしてくれるのは、神様と言われる存在だったり、その存在とつながりをつくる魂だったり、ご先祖様だったりします。

ところがそういったナビゲーションチームと「はぐれてしまう」ときがあります。人生に停滞が起こるのは、そんなタイミングです。

たまりすぎた古いエネルギーが原因

では、なぜ、はぐれてしまうのでしょう?

それは、私たちの心の中にたまりすぎた古いエネルギーのせいです(この本ではそれを「ガラクタ」と呼びます)。

本来、私たちの身体は、目に見えない部分で宇宙とつながっていて、毎日、宇宙からたくさんの新品エネルギーを取り込んでいますが、日々、使われたエネルギーからは不要物も発生しています。

「捨てる」と「取り込む」が上手に循環できていると、ナビゲーターからのメッセージも入ってきやすく、人生がサクサク、ワクワク進みますが、古いエネルギーがたまりすぎてしまうと、新しいエネルギーは入ってくることができません。ちょうど水道管のパイプにゴミの詰まりが生じているような状態です。

お金も仕事も人間関係も、全部、行き詰まってしまいます。魂やご先祖様が「お〜〜〜〜い! 大丈夫か〜〜〜?」と声を張り上げてあなたに叫んでいる声さえも、もはや届きません。

自浄力を機能させ、本来の人生に

「ねばならない」から生まれた混乱や、たまったエネルギーの詰まりを取り去ると、神様やご先祖様たちサポート隊とつながり、理想の人生に軌道を戻すことができるようになります。

古いエネルギーを捨て去り、新しいエネルギーをじゃんじゃん取り込み、神様や魂、ご先祖様とつながって人生を軽やかに楽しく変えていける力。

それが**「自浄力」**です。

私たちが生まれつき、身体に備えている力です。

自浄力が機能し始めると、人生をサポートする見えない存在たちとのつながりを感じられるようになるのはもちろん、本当に望んでいた天職や過去世でめぐり合う約束をした運命の人に出会えたりと、ワクワク楽しめるような人生に変えていくことが自分の力でできるようになっています。

また、免疫機能も高まり、病気にかかりにくくなったり、治りやすくなったり、つらいダイエットをせずとも自然に魅力的な自分に変わったり、臨時収入があったり、欲しかったものがピンポイントでお得に手に入ったりと、人生があなた中心に回り始めます！

オーラも見違えるほど美しく輝き始め、素敵な出会いも数多く訪れます。

さらに、神様や魂とのつながりもしっかりと取り戻せるので、スピリチュアルな感覚もシャープに磨かれます。気の詰まりが取れることで、悪さをする邪気でモヤモヤすることはなくなり、神様など大いなる存在とつながれるようにもなるのです！

潜在意識のガラクタを手放して

あなたも、「なぜか心のモヤモヤが取れない」「何か心にひっかかっているものがある」、などと感じているなら、間違いなく潜在意識の中にガラクタがたまっています。心のガラクタを手放すことは、「自浄力」を機能させるために必要不可欠。そうすれば魂との会話はスムーズになり、あなたを目指す場所へ最短、最速で運んでくれます。

さぁ、今日からあなたの中にある自浄力を磨き、神様や魂、ご先祖様たちとがっちりとつながっていきましょう。この本ではその簡単な方法を数多くご紹介しています。

でも、もう、ここまでお読みいただいたあなたは、すでに魂とのつながりを取り戻し始めているのですよ。自分が変われる可能性があることを知ったから。あなたが「よりよい人生を生きたい！」と願った気持ちはもう神様に届いています。

自分を、自分の人生を、信じきれずにいたあなた、あなたの人生はすでに変わり始めています。

第1章

あなたの中には どのくらい ガラクタが たまっていますか？

ネガティブな感情は心にたまる

心のガラクタは取り除ける！

心のガラクタは、あなたの中にどれくらいたまっているでしょう。

それを知るには、まず感情にフォーカスする必要があります。

感情には、うれしい、幸せ、楽しいといった「ポジティブな感情」と、つらい、寂しい、苦しい、怒り、憎いといった「ネガティブな感情」の二つがありますが、ガラクタはネガティブな感情から生じます。

今、人生がうまくいっていないと感じる人はネガティブな感情のガラクタでいっぱいと思っていいでしょう。

キッチンや水回りが汚れていたり、家に雑多な不用品がため込まれていたりすると、私たちは知らず知らずに緊張するようになっています。それと同じで、心のガラクタもたまっていると緊張感が抜けなくなってしまうのです。

そしてやっかいなことに、心にガラクタをため込んでいると、魂が望んでいる本当の気持ちがガラクタに埋まって見えなくなり、しまいには、ネガティブな感情だけで心が占領されてしまうことになるのです。

では、心のガラクタは取り除けるのでしょうか？

答えは「ＹＥＳ！」。

ただし、正しい取り除き方を知らないと、取り除けないばかりか、なかなか改善されない事態に不安になったり、自信をなくしたりして、さらにガラクタの量を増やしてしまうことにもなりかねません。

私は神様とのやりとりの中で、いろいろな心のガラクタの取り除き方を教えてもらいました。それは、本来、私たちが生まれながらにして持っている能力だったり、考え方のクセを変えることだったりします。魂はどれも理解しているので、それを取り戻せばいいだけ。

この本をきっかけに、心のガラクタを思い切って整理しましょう。

日常生活のあらゆる場面で生まれる心のガラクタ

ガラクタとなるネガティブ感情

心のガラクタとなるネガティブな感情とは、具体的に次のようなものがあげられます。

本当はめいっぱい母親に甘えたかったのに、「お姉ちゃんだから」と我慢した気持ち、決してほめてくれなかった親への怒り、片思いの彼に言えなかった「好き」という気持ち、「なんでこんなだらしない夫と結婚しちゃったんだろう」という後悔、彼に浮気をされて「絶対に許せない」という憎しみ、いつもクヨクヨしている自分を嫌う気持ち、「この先、おひとり様で生きていくのかもしれない」という、どうしようもない不安……などなど。

どうですか？　あなたにも思い当たるものはありませんか？

このように、ネガティブな感情は日常生活のあらゆる場面で生まれては、心のガラクタとなって、どんどんたまっていくのです。

さらにもっとさかのぼると、前世で解消されていないトラウマ（心に負った深い傷）や、胎児のときに「お母さんは本当に私が生まれることを望んでいるのかな？」などとおなかの中で感じていた感情なども、気づかぬうちに心のガラクタとなっているのです！

過去世や胎児の頃までさかのぼってしまうと、さすがに簡単に気づくのは難しいですが、物心がついた頃からなら、どんなことがネガティブな感情としてたまっているのか、何がガラクタなのかを思い出すことは意識次第でできるようになります。

あなたの心には、どんなガラクタがたまっていますか？　それを見つけただけで自然と浄化できるようになっています。本を読み進めるうちに次元のワープが始まるでしょう！

本当の気持ちに気づけない私たち

ガラクタは潜在意識にたまっていく

日常生活の中で生まれたネガティブな感情は、心のガラクタとしてたまっていくとお伝えしましたが、いったい心のどこにたまるのでしょう？

それは、「潜在意識」です。

潜在意識とは、別名、「無意識」とも言われ、私たちが普段、自覚していないにもかかわらず、行動や考えに大きな影響を与えている意識のこと。

何かショックなこと、悲しいことが起こったとき、私たちの身体はそれに対処しようと働くようになっています。

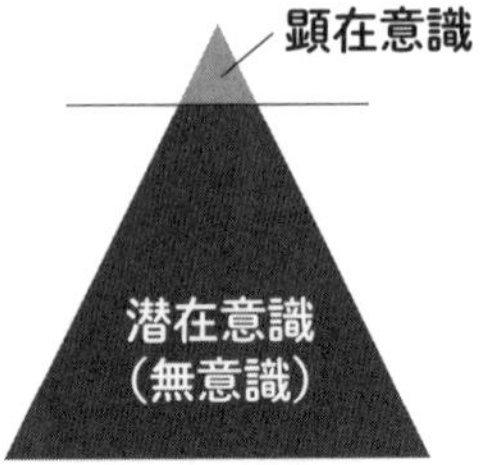

意識のうち、顕在意識は5%、潜在意識は95%を占めるとも言われています。

ところが、そのできごとがあまりに衝撃的で、今までの経験では対処しきれず、受け止めきれない場合、あるいは「もう平気」「気にしていない」など、無理やり、感情にふたをしてしまった場合、それらは心の奥に閉じ込められるようになっています。

「閉じ込められたら、そのできごとは記憶から遠ざかり、いつの日か、なかったことになっていく」などと思っていませんか？

でも、実はそうではありません。ショックやパニック、大きな悲しみといった感情は、目には見えない小さな物質で、一度、生まれたらしっかり感じれば消化できるのですが、つらすぎてふたをしてしまうと、心の奥に埋め込まれてしまうのです。

それらが埋め込められているのが、潜在意識と言われる場所。私たちが閉じ込めた思い出したくないできごとや感情というのが、そこにはぎっしり詰め込まれているのです。

ここで、そのあたりをもう少しわかりやすく説明しましょう。

ネガティブな感情をもつ↓

潜在意識にたくさんのガラクタがたまる↓

気の詰まりが起きて、心がキャパオーバーになる↓

人生に大きな事件やつらいできごとが起こる↓

感情が刺激される↓

潜在意識が大きく揺さぶられる↓

浄化が起こる

という流れです。

つらいできごとによって生まれた感情の、あまりに大きな衝撃に対処するため、ストレス物質（ノルアドレナリンなど）が大量発生しますが、それでも処理しきれないと、無意識のうちに体内に蓄積するようになっています（ストレス物質は、ショックやパニック、絶望などといったそれぞれの感情波動を電気信号として保有しています）。

そのため、悲しみの物質、ショックの物質、パニックの物質など、負の感情ごとの物質が無意識のうちに、蓄積されていくことに。「気にしてないよ」「たいしたことないよ」などと意識にあげないふりをして、無意識のうちに記憶の底へ押し込めてしまうのです。

これらはつらすぎるできごとを忘れるための本能なので、仕方ありません。

でも、それが心のガラクタとなってどんどんたまっていき、心がキャパオーバーになると、それを排出させようとする動きが起こります。

それが人生の「大事件」です。

大事件が起こると、大きなパニックやショック、絶望に心が揺さぶられますよね。すると蓄積されていた負の感情物質が刺激を受け、排出される仕組み（自浄）になっているのです。大事件と聞くと、「そんなこと、起こってほしくない」と思うかもしれませんが、実はガラクタを処理するには、とてもありがたいできごとなのです。

負の感情も「存在を認められたい」と思っている

ガラクタにも意識がある

では、心のガラクタを見つけたら、どのように扱えばいいのでしょう。

感情とは自分から生み出されたものであって、捨ててしまえばおしまいではありません。あなたの子どもと同じです。あなたが感じた思い（＝あなたの子ども）を、あなたが投げ捨ててしまったら、その思いは誰にもわかってもらえないまま存在を否定されたことになりますよね。

私たちも存在を否定されたらつらい気持ちになりますが、それと同様、物や感情など、存在するすべてのものには意識があり、存在を知って欲しい、尊重して欲しいという気持ちを持っています。

私たちは、うれしかったこと、安心したこと、楽しかったことなどのポジティブな感情については、思い出し、人に伝えたりして大切に扱いますが、ネガティブな感情――悲しい、苦しい、悔しい、恥ずかしい、つらい――となると、見なかったことにしようとします。

これではネガティブな感情がかわいそう。ネガティブな感情の経験というのは、人のやさしさの根幹をつくるものであり、人生をより深く変えてくれるもの。つまりスルーしたくなるようなネガティブな感情こそが、あなたの心のやさしさのもと、つまりあなた自身とも言えるのです。

ネガティブな感情を見つけたら、つらかった時の自分をイメージして、「つらかったね」「よくやったね」と、そのときの自分を幼い子どもとして寄り添い、やさしく語りかけてあげましょう。ネガティブな感情が悪いわけではありません。負の感情を持つのは人として自然なことです。良くないのはその感情を無視すること。存在を認めてもらった瞬間、未練なくあなたから離れ、あなたと魂の間のルートをクリアにしてくれるのです。

ここで一度、あなたの心の中のガラクタがどれだけあるのか、チェックしてみましょう

《大きなガラクタを抱えている人の特徴》

□ゴシップ記事など、うわさ話が気になって読んでしまう
□タワーマンションの上層階に住みたい
□買うなら海外ブランド
□メイクをしないと人前に出られない
□電車で寝過ごしたり、降り損ねたりしたことがある
□「願いが叶う」と言われるグッズをたくさん持っている
□「新発売」「期間限定」「今だけ」が気になり、つい買ってしまう
□最近、詐欺やひったくり、泥棒などにあった
□お金を貸している、あるいは「お金を貸して」とよく言われる
□いびきをかく
□ネットショッピングがやめられない

□黒い服が多い
□不倫の恋人がいる
□駆け込み乗車をする
□人の動向が気になる
□火事や事故、事件に遭遇したら、動画撮影する
□生命保険などに複数、入っている
□匿名で相手を批判する書き込みをした経験がある
□お守りやパワーストーンアクセサリー、開運グッズなどをため込む
□かばんにいろいろと詰め込んで持ち歩く
□カフェなどで、かばんは床に置く
□最近、自転車や車、家、携帯電話などが壊れたり、電化製品の故障が多い

いくつくらいチェックがつきましたか？　解説（77ページから）も確認してください。

COLUMN ❶

宇宙の気を取り込むポーズをして自浄力をグンとアップ

身体全体を使って、宇宙の気を取り込んでみませんか？　自浄力がアップする方法の一つです。

まず、楽な格好で床に座り、ソファなどに寄りかかって足を伸ばし、ゆったりとリラックスします。

手のひらは上に向け、中指の先から肩をつなぐ腕の内側のラインを空に向けるように意識しましょう。

そして鼻でゆっくりと深呼吸をします。

吸った息が身体全体に行き渡るようイメージしながら行ってみてください。鼻から息を出すときは､いらないものをすべて吐き出し、宇宙へ返すつもりで。

手のひらがピリピリしてくるのを感じたら、それは宇宙の「気」です。

行き詰まった時、根を詰めたあとなどは、身体も心もオープンにして、3分間くらい続けてみましょう(長く行う必要はありません)。

第2章

ガラクタの原因となるものは、こんなところに潜んでいたのです

心のガラクタがたまる原因を知ってください

冒頭でもお伝えしましたが、心のガラクタをなくすことは、魂との会話をスムーズにし、あなたを目指す場所へ最短、最速で運んでくれます。

でも、心の中のことですから、目に見えるゴミを捨てるというのとはちょっと違います。

ガラクタは「ネガティブな感情から生じる」と言いましたが、そんなガラクタとなる原因の感情にはどのようなものがあるのか、そしてネガティブな感情から生じる行動にはどのようなものがあるのか具体的に探ることから始めてみましょう。

あなたの心の中に潜むものを一つひとつ、見つめてみてください。思い当たることがあるかもしれません。

ガラクタ　その❶「孤独」

孤独に対する不安が「依存」をつくる

人間の最大の天敵は何か、ご存じですか？

それは「孤独」です。

いかに経済的に恵まれていようと、誰かとつながっていなければ、幸せを感じることはできません。社会に、あるいは誰かに必要とされている実感こそが、私たちの生きる原動力をつくっています。

ですから、彼氏ができない、恋人にふられた、リストラされた、就職先が見つからない、などという孤独を感じる事態に遭遇して不安を感じると、それを回避しようとして、私たちはさまざまな行動を始めます。

甘いものがやめられない、朝からお酒が欲しくなる、出会い系サイトで次々に恋人を探す、過剰に洋服を買ってしまうなどなど。そんな経験がある人もいるかもしれませんが、こうした行動は、脳に快感をもたらす物質を短時間で多量に分泌させると言われており、快感がもたらされることで、孤独を感じなくさせてくれます。

しかし、一方で、いわゆる依存傾向を生み出します。

依存できる対象がなくなると不安になってしまい、「これがダメならそれ、それがダメなら……」と他のものへ依存していくようになるのです。それと共に「この人がいなくなったらどうしよう！」と不安もどんどんふくらむので、そこに邪気がついたり、ガラクタがたまったり。

こうなると、本当の自分に気づくことはおろか、心はガラクタで埋め尽くされてしまいます。

人は本来、他のものに依存などすることなく、イキイキと生きられるすばらしい存在です。自浄力がつくと自分の力を信じ、神様のことも信頼できるようになり、孤独に悩まされることもなく自立することを楽しめるようになっていくでしょう。

ガラクタ その❷「自己否定」

いつも完璧ではないことを受け入れて

ＩＴ関連会社に勤務しているU子さん（29歳）。最近、気分が落ち込むようになり、「会社に行くのが憂うつでたまらない」と相談にやってきました。そこで、毎日の思いを文章につづり、自分の深層心理を究明する作業をしてもらうことにしました。

すると、これまでの人生はどんなことも母親がお膳立てをし、母親の言いなりになって常にその存在におびえていたこと、その結果、他人の目を必要以上に気にしてしまうストレスで、身体が硬直してしまうことに自ら気づきました。

U子さんの心理は、実は多くの人に共通することです。「いい子でいなきゃ！」「間違ったら恥ずかしい」「周りの人によく思われているかしら？」など、誰でも少なからず、他人の目を気にします。

そして、ガラクタがたまる原因はここにあります。

みな、「自分はカッコよくありたい」と思っています。嫌われたり、バカにされたりする「できない自分」は認めたくありません。

しかし、人間はいつも完璧ではいられません。恥をかいてはいけない、失敗をしてはいけない、うまくできないとみっともない……そんなふうに凝り固まった考えで生きていると、次第にどこかでつらくなります。そしてつらくなった自分をまた責めるという負のループにはまります。

心の中の不要な感情の出口を閉ざすことなく、「できない自分」も認めてあげてください。本来の私たちは、評価や比較をされるような存在ではありません。誰もがすばらしい光を持ち、大きな可能性を持っています。


かつて、私は突然、まばゆい金色の光に襲われた経験があります。そのとき、自分が生まれたばかりのシーンに連れて行ってもらいました。目の前に現れたのは、満面の笑みをたたえた両親と祖母。3人とも若く、私をうれしそうに見つめています。

すぐに「これは私が生まれたときだ！　誕生の瞬間にワープしている！」とわかりました。その瞬間、私自身も「あなたたち、ものすごくうれしそうにしてるけど、一番うれしいのはこの私！」と思っていたのです。これまで感じたことのない喜びや誇りに満ちていました。

本当は誰もがそうやってこの世に送り出されてきています。でも、ネガティブな自分に固執し、その光を忘れてしまうとそこから抜け出すのは難しくなってしまいます。最初は無理でもかまいません。少しずつ「こんな自分でもいいじゃない」「がんばってるよ！」と思える回数を増やしていってください。そう簡単には今までの思考のクセを変えられるわけではありませんから、とにかく根気よく、何度も何度も、です。

なお、母親との関係は大きなカギ。あとで詳しくお話ししますね。

ガラクタ　その❸「怒り」

怒りは悲しみがもとになっている

道を歩きながらすれ違った人に「チッ！」と舌打ちする、スーパーのレジ待ちの長い列に並びながら「早くしろよ！」とどなり散らす、お店でグズグズする子に「はっきりしろ！」と怒るなど、日常のさまざまな場面で、怒りでキレる人たちを目にすることがあります。

実は、「怒り」も、大きなガラクタの原因。

怒りの感情とは、「できるかな～」「大丈夫かなぁ」「早く終わらないかな～」「もしダメだったらどうしよう」などといった、小さな不安や焦り、悲しみがもとになっています。

そのネガティブな気持ちは、とても低い波動を放ちます。すると、まず不安の波動が、最初は小さいのですが、数が増えて増殖し、悪い妄想を次から次へと起こしていくようになります。

抱え込んでおくことが不可能なまでにふくれ上がった不安の波動は、やがて非常に強いネガティブなエネルギーとなり、何かをきっかけに爆発します。それが怒りの現象です。

ちなみに、一直線に「怒り」に結びつくのではなく、その前には「悲しみ」があります。そしてその後も、怒り↓憎しみ↓恨み↓呪い↓怨念というように雪だるま式に大きくなっていきます。

ですから、小さいうちに解消しておくのがおすすめ。

最近、なんとなくイライラしがち、小さなことで怒りを覚えることが多いという場合は、自分の心が不安や焦り、悲しみなどで押しつぶされそうになっているタイミングだと気づいてください。

そんなときこそ、落ち着いているときのやさしくて純粋な自分の気持ちを思い出して欲しいのです。

ガラクタ　その❹「劣等感」

潜在能力を開かせないガラクタ

どんな人でも、その人にしか持たされていない才能や魅力というものがあります。「まさか。私にはそんなものがない」「したいことが思い浮かばない」と言う方もいるかもしれません。

また、メディアで活躍する著名人を見て、「いいなぁ〜、うらやましい」「あの人ばっかり」などという気持ちになることもあるかもしれません。

けれど私たちはみな、今世で絶対に成し遂げたい大きな夢を持って生まれてきていて、本当は誰もがそれを実現するようになっています。

なのに自分の夢がわからなくなってしまう一つの要因が、「劣等感」。

この劣等感というのは、私たちに元々備わっているものではありません。先ほどの誕生秘話のように、あなたも例外なく、うれしさいっぱいで生まれてきているのです。

では劣等感は、どこから生まれてくるのでしょう。

それは、他人に浴びせられた心ない言葉や、仲間外れにされた経験、ルックスや名前など、自分ではどうにもできないことで受けた差別、生まれた直後の「男の子だったら良かったのに」「産まなきゃ良かった」などという親からの何気ない言葉、また兄弟やいとこ、同級生間などでの比較など、これらが心に深い傷となっていると、ことあるごとに「どうせ私なんて」に着地し、ドロドロしたものに変化してしまうのです。

そしてこれらは受験や就職、恋愛、結婚など、すべてにおいて自分にラッキーが来ることを閉ざす強いエネルギーになります。

そんなエネルギーはもういりません。劣等感のもとになっていた悲しいできごとを見つけ、浄化していくことで、「わぁ、この人はすごい！」「この人みたいにがんばろう」と、他人の良さや根気強さ、自分の潜在能力にフォーカスできるようになっていけますよ。

ガラクタ　その❺「恐怖」

幼い頃の体験が引き起こした、つらい現実

都内在住、Aさん（39歳）のケースです。

Aさんは婚姻関係のないビジネスパートナーと同居していました。パートナーは海外を拠点に医療機器のビジネスを展開、Aさんもそれを手伝い、年に数回、アメリカ本土やハワイに行く生活。Aさんの実家は都内の地主で多くの不動産を所有している、一見、申し分ない誰もが憧れるような状況でした。

ところが順調だった彼の仕事がある日、一気に暗転、破産に追い込まれます。借金取りから連日のように督促が来るようになり、Aさんの実家にまで取り立てはおよび、恐ろしくて眠れない日々が続くように。

そうしてAさんはうつ状態になったうえ、うまくいっていたパートナーも突然、暴力的になり、暴言を吐いたり、物を投げたり。二人の仲も険悪になり、

仕事のあてもないまま、親所有の都内の一等地のマンションから、地方への移住を余儀なくされたのです。

Aさんが私のもとを訪れたのは、すべてのエネルギーを使い果たし、薄い紙きれのようになり、生きる希望を失っていたときでした。

早速、Aさんの潜在意識にアクセスしてみると、大きな恐怖心が黒々と存在していて、Aさんのすべての循環を停滞させていました。順調だった仕事が突然なくなり、やくざまがいの取り立てにあうなど、身も心もボロボロになっていたのですから、当たり前です。

でも、その奥には違う恐怖心が存在していました。

それはAさんが子どもの頃に体験した恐怖のできごとだったのです。

Aさんの父親は仕事で違法なことに手を出し、トラブルになったり、感情を爆発させたり、家に戻らなかったりして、ヒステリックな母親との間で精神的に不安定な子ども時代を送っていました。

父親が帰宅しないときや仕事がうまくいかなかったとき、母親は鬼のような形相でAさんに当たり散らしていたと言います。

心の奥では幼い4歳くらいのAちゃんが今なお、震えていました。


こんなふうに恐怖の傷が深く残っていると、それが身体や心の循環を詰まらせやすくし、すべてに対して不安を感じやすくさせます。幼い頃の恐怖心がまだあることを教えるため、Aさんにこのようなカタストロフィ的な、根こそぎひっ繰り返し、すべてを失わせてしまうようなできごとが起こっていたのでした。

今現在、もしみなさんにも恐怖におののくようなできごとが起こっているとしたら、必ず過去に似たような恐怖を感じた経験があります。Aさんのようなことかもしれないし、幼い頃の両親との離別、ストーカー被害、性被害、火事、震災など自然災害によるものも大きく影響しています。

それらを思い返せば、恐怖心は癒され始めます。そして不安を感じにくくなると、新しいことに挑戦する勇気や余裕ができるようになるでしょう。

ガラクタ　その❻「比較」

「比較」による呪縛を手放す

あなたは、パワハラにあったことがありますか？

パワハラにあう人の共通点に、「自分の目標のハードル設定が高い」というものがあります。はるか高い完璧なゴールが当たり前、そのために心や身体が疲弊しやすく、がんばっている割にはなかなか良くなった実感が持てない——そんな人の潜在意識をのぞいてみると、次のような共通点が見えてきます。

・普通の人よりも能力が高い
・親や友だち、学校で悲しみのトラウマがある
・「恐怖を克服する」という人生テーマを持って生まれてきている

などです。

ＩＴ関連会社のＤ子さん（29歳）の例です。

Ｄ子さんは最近、朝、起きられない、何をしても気持ちが上がらないなどうつ症状で落ち込んでいました。その原因になったのが女性上司からのパワハラ。上司は彼女だけに厳しく当たり、その日の上司の機嫌と顔色を見ながら仕事をしなければならないことが強いストレスになっていました。

Ｄ子さんの潜在意識の中、幼少期にアプローチしてみると、鬼のように厳しい形相のお母さんと、泣きたくても泣けずに震えている5歳くらいのＤ子さんが現れました。

Ｄ子さんは幼い頃から厳しい母親に、常に友人と比較され、テストでどんなにいい点数を取ってもほめてもらえることがありませんでした。そのため、「自分は何もできない人間なんだ」と思い込み、自己肯定感を持てずに育ったのです。

その結果、常に自分を人と比べ、「きちんとしていなければ認めてもらえない」と本当の自分を出せない状況。「間違ったら怒られる」「もっとやらなきゃ」などという強迫観念を抱え、追い詰められていました。

幼いD子さんにアプローチし、恐怖心を癒していくうちに、「人と自分は違うペースで進んでいい」「今の私で十分」と肩の力を抜くことができるようになったそうです。

「自分を完璧に整えなければならない」という呪縛は、幼少期の恐怖から来ているケースがとても多いものです。その潜在意識にある恐怖心が、「人と違ってはいけない」と他の人の意見に無理やり同調させたり、今の状況を否定させたりして、本来の、自由でいきいきとした魅力を閉じ込めてしまい、人生を苦しくさせます。

「人の目が気になる、自分をいつも誰かと比較してしまう」という人は、親や先生、友人との昔の関係を思い出してみましょう。わかってもらえない悲しみがそこには必ず、あるはずです。

「自分は誰とも比較されるような存在ではない」と気づき、過去の傷が癒え始めると、才能や魅力が引き出されていくでしょう。

ガラクタ　その❼「執着」

愛情のコップがいっぱいになったら危険！

人として生まれてきた大きな喜びの一つに、恋愛があります。素敵な人との出会いは心から大切にしたいものですよね。

しかし、人の思いというものは、目に見えないだけにその取り扱いには細心の心遣いが必要になってきます。

私たちはみな、心の中に愛情をしまっておくコップを持っています。コップの大きさは人それぞれで、その中に相手への気持ちをためていくのですが、「好き」という気持ちが強すぎてコップからこぼれてしまった思いは、居場所を失い、瞬時に相手に飛んでいきます。

これが、いわゆる「生霊《いきりょう》」です。

「もっと会いたいのに会ってくれない」「結婚したいのにしてくれない」など

という恨みや不安の苦しみが生霊の思いです。

自分で気づかないうちに飛ばしてしまうのが困ったところですが、相手は生霊が来るとまず、頭痛やだるさなど、体調不良を感じます。そしてそれをきっかけに双方の間に専用のルートができ、お互いが感じるネガティブな感情だけをやりとりしてしまうようになるのです。

たとえば、こんな感じです。

「M君から最近、LINEが来ない。もう私のこと、嫌いになっちゃったのかな。他に好きな人でもできたのかしら。どんな子なんだろう。許せない」などとIちゃんがネガティブな感情を持っていると、その思いは生霊となってM君に届きます。するとM君は「なんだか最近、だるいなぁ〜。彼女の気持ちも重いし、会うのも面倒……」というネガティブな気持ちに。それがIちゃんに戻ってきます。

するとIちゃんは、「なんか最近、体調も良くないし、いろんなことがうまくいかない。全部、M君が会ってくれないせいだ！」となり、お互いの負の気持ちが悪い相乗効果を起こしてしまうのです。

また、飛ばしたつらさを相手がわかってくれないと、相手の周りにいる弱いもの、たとえば子どもやペットなどに憑《つ》き、突然、原因不明で体調を崩すなど、悪質なアピールを始めることもあります。

相手の存在を大事に思いすぎる「生霊」というのは、「相手を手放したくない！」「この人がいなくなってしまったら私は生きていけない！」という強い不安、さらに恐怖心のかたまりからなるもの。あなたの潜在意識の中にため込まれた孤独の不安の記憶から生まれているとも言えます。

このように重たい気持ちが相手に伝わるようになってしまっては、せっかくの素敵な出会いもお互いにとって毒になってしまうだけ。

これを読んで、「もしや……」と思い当たることがあるあなた、気持ちを切り替え、出会えた奇跡を喜ぶほうにフォーカスしてみましょう。あなたに必要な恋人や家族、ペットなど大切な存在との出会いや別れは、すべて神様が幸せになれるよう導いてくれています。

相手に送る気持ちも輝きを持って

また、重たい気持ちは、恋愛だけではありません。家族や友人、亡くなった愛おしい人たちに対しても、同じように飛ばしてしまうことがあります。

たとえば、母親が子どもに対して「こんなに心配してるのに、なんでわかってくれないの？」と思ったり、先輩が後輩に「愛情を注いで面倒をみてあげているのに、なんで感謝してくれないの？」と感じたり、亡くなった人に「なぜ先に逝っちゃったの？　これから、どうすればいいのよ」と嘆いたり。

あなたも、重い気持ちを誰かに送っていませんか？

相手を思うとき、それが温かい輝きを持つものなのか、それとも、つらさゆえの思いなのかによって、互いの幸せ度も変わってくるということをどうぞお忘れなく。

ガラクタ　その❽「未練」

彼らは、あなたを助けに来た救世主

私たちの人生を停滞させてしまうものに「未練」があります。
ふられたけど大好きで未だ忘れられない、自分から別れを決めたけれど、後悔している別れた恋人。そんなできごとは胸につかえ、私たちを次の章に進めなくさせてしまいます。

人生の別れというのは、次の誰かとの出会いにつながる進化なのですが、忘れられない人が心に存在することで、会うべき新しい人に出会えなくなってしまう、次の新しい章の扉が開けずにいる、そういった人が大変、多いのも事実です。

でも、それではあまりにもったいない！　どうにもならない気持ちは消化して、新しい出会いへスタートしましょう。

なぜ大好きだった人を忘れられないのでしょう。それには次のような理由があります。

私たちの人生は、常に生と死が背中合わせです。今日は元気でも明日、何があるかわからないもの。特に心が繊細で傷つきやすい人は、人生がつらく苦しく、生きる気持ちが死に引っ張られやすいという特質があります。

「もうお空に帰っちゃおうかなぁ……」

つらい人生に耐えかねて、ふと、そんなふうに考えてしまっている無意識に、人生の喜びを思い出させるため、天から派遣されたのが「忘れられない大好きな人」。

つまり大好きな人が現れるタイミングは、潜在意識の中で人生に絶望を感じている時だったりします。生きる意欲が薄れたあなたに生きる意欲を取り戻させるのは、心を揺さぶられる人。

彼らはあなたに死の選択肢を忘れさせるような輝きを持っています。そんな人に出会ったとき、私たちの脳は一気に活性化し、さまざまなワクワクホルモンがわき出てくるのです。
人生が喜びにあふれる瞬間です。

けれど、そんなすばらしい出会いがうまくいかなくなるのはなぜでしょう。
それは相手からのエネルギーが十分、あなたに届き、もう「死」に引っ張られることがなくなったため、神様が次の新しい出会いや関係性へと駒を進めているから。

波動が上がって相手と釣り合わなくなると、自然と別れが来るようになっているのです。

でも、「あんなに愛し合っていたのに、どうして??」「あんなにかわいかったのに、どうして??」。

あなたの脳はその二極間で混乱し、その人に対してどう接していいかわからなくなってしまいます。

その結果、相手の機嫌や言動に翻弄され疲れ果ててしまったり（極端な例だと家庭内暴力やDV・ドメスティックバイオレンス）など、「別れたい」と思っているのになぜか離れられない関係がだらだらと続いたりすることに。

そこで、自分が本当はどうしたいのかを探るために、出会った当時の自分の心境や状況を思い返してみましょう。人生に対して息苦しく感じていませんでしたか。

それとともに出会いの喜び、過ごしたかけがえのない時間を思い出してください。あなたを助けに来てくれた相手の見えないやさしさに涙があふれ、大きな浄化が起こります。次第に未練も消えていくでしょう。

大事なこと、気づけていなかったことに気づくと、とても大きな浄化が起き、波動が高まります。そうすると、もはやどうにもならないことを「これで良かったんだ」と安心して手放せるようになります。

もう一度、そんな気持ちで、出会った時のことを思い起こしてみるといいですね。

ガラクタ　その❾「罪悪感」

1・人を救えない自分に生じた罪悪感

人の気持ちを考えられるやさしい人、困った人を放っておけない人、曲がったことは断じて許さない正義感の強い人――このような人は、自分からあふれ出る気持ちに誠実で、それをストレートに意思表示します。ですから純粋な思いには勢いがあり、ウソがない分、そこが落とし穴になってしまう場合があります。

自殺防止NPO法人に勤めるKさんのところに、今から自殺しようとしている女性から電話が入りました。

Kさんは彼女を保護し、悲惨な生活の状況に耳を傾け、就職支援も熱心に行いました。いったんは元気を取り戻したかのように見えた女性でしたが、3か月後に遺書を残して自殺してしまいました。

Kさんは「もっとしっかりと彼女に向き合っていれば、自殺させずにすんだかもしれない」と自分を責めずにはおられず、その思いは何年経った今でも消えないと相談に来られました。

人を傷つける言動でも罪悪感は生まれますが、このように、人を救えない自分に対するもどかしさにも罪悪感は生じます。

けれど、決定的な違いは、人を傷つけた罪悪感は一生、消えないのに対し、人を救えなかった罪悪感は「私は一生懸命にベストを尽くし、やれることはやった」と自分に納得させることで、消すことは可能だという点です。Kさんの場合も、女性は保護していた施設から出て行ってしまい、連絡が取れなくなった末の結果でした。

自分の行ったことを客観的に見つめ、冷静になって分析することで防ぎようのないできごとだったと心から理解し、罪悪感が薄れてKさんは前に進めるようになったのです。

2・不倫や浮気による罪悪感

一生のうちで知り合う人の数は、その地球上の人口のほんのひとにぎりにすぎません。そんな「運命の出会い」を大切にしたいと思うのが、人間の情というものです。ですから、「それをしてはいけない」とは神様は言っていません。ただし、以下のことをきちんと理解したうえでなら、という条件つきで。

不倫や浮気は、必ず何かにウソをつくことになります。

たとえ「ずっと一緒にいたい」「結婚したい」という思いがあっても、互いの立場を考えると、自分の感情を思う存分、表現できません。あなたの魂はそれを望んでいないし、あなたが大事にしてもらえない状況や、そのことで誰か悲しむ人が生まれてしまうということに悲しみを感じるようになっています。ですから、潜在意識の中でどうしても罪悪感が生まれます。

不倫や浮気をしている人は、どんなにドラマティックな恋に胸を焦がしていても、真剣に愛を育んでいても心の内側で常に葛藤を抱えてしまうことに。

もう一つ、不倫や浮気をしないほうがいい理由があります。それは、一つの魂が傷つくと、みんなが傷つくからです。

あなたが妻子持ちの男性と不倫をしているとしましょう。夫の浮気を知った妻はショックを受け、その深く傷ついた気持ちは子どもにも影響し、子どももも深く傷つきます。妻は、子どもの傷ついた姿を見てさらに心を痛め、そんな妻や子どもの悲しみを見て傷つくのは、あなたの最愛の恋人。その彼を見て傷つくのはあなたです。

叶わぬ恋をすると、「もっと早く巡り会っていたら結ばれていたのに」「好きな気持ちは止められない」などと自分に都合良く考えがちですが、周りの人を傷つけている分だけ、自分の魂も傷つける行為だったりします。

不倫を乗り越え、一見、幸せそうにしているカップルも、どこかに抱えている罪悪感を消すことは難しいものです。

不倫の恋に落ちるときは、生きる気持ちが限界にきているタイミングであるといえます。どれほどつらい日々を超えてきたか、心に閉じ込めた涙に気づいていきましょう。

ガラクタ　その⑩「後悔」

自分の本心に耳を傾ける時間を持って

今は3人に1人が離婚する時代ですが、できれば離婚しないに越したことはありません。

なぜ離婚しないほうが良いのかと言うと、結婚相手は神様が選んでくれているからです。それも、私たちを一番、成長させてくれる相手を神様が一生懸命、探してくれた結果だからです。

神様や人様の前で行う結婚宣言は、その成長を最後まで見守ってもらえるよう、自分たちの覚悟を意思表示するということでもあります。

ですから、どんな人も結婚相手というのは、自分とバランスを保てる相手になっているはずなのです。なのに、離婚するというのは、神様が選んでくれた相手をお断りすることになります。

とはいえ、離婚してはいけないわけではありません。お伝えしているように、私も離婚しています。

ただ、以上のことを理解したうえで、現状を受け止め、逃げずに話し合ったり、試行錯誤したりして「一生懸命、向き合ったけれど、もう、一緒にいるのは難しい。別れたほうが幸せになれる！」と自分が納得できるプロセスを踏んでからにしましょう。それなら、まったく問題ありません。

私の経験からも言えますが、努力をした結果であればその選択に神様は味方してくれます。

しかし、そうではなく、夫の浮気が発覚し、カッとなって家を出る、ケンカが多くて「もうこんな相手とはやっていけない」と勢いで別れる、不倫相手に夢中になって離婚するなど、「今の状況から逃げたい」という気持ちから、一時の感情だけで離婚に踏み切ってしまおうとしているのなら、「早まっていない？」と自分に問い直してみてください。

魂の声を聞ける環境に身を置く

相手からＤＶを受けているなど、自分自身の身に危険が迫っていることもあるでしょう。

そのような場合は、納得して離婚するなどと悠長なことは言っていられませんし、魂の声を聞く余裕もありません。

家を出るなど相手から距離を取り、冷静になれる環境に身を置いてください。そして冷静になり、魂の声に耳をすます時間を、ほんの少しでいいので、つくってみましょう。

たとえば、

「昔、お父さんからも同じように暴力を振るわれたっけ。あのときもこんなふうに怖かった」

↓

「この人の怒りは、本当は誰にもわかってもらえない悲しみなんじゃないだろうか。それを私にしかぶつけられないのではないのか？」

←

「そうだとしても、いつまでも人の怒りを受け止めていたって意味がない。自分の人生は自分のもの！」

などといった、魂の声に気づけるようになります。

そんな魂の声に基づいた離婚であれば、後悔の念や罪悪感が生まれたりせず、心にガラクタを増やすこともありません。安心してください。

離婚も、神様があなたにとってベストのためにさせているものだから、あがいても変わらないとも言えます。

くれぐれも後悔しないよう、納得してから行動を。

注・DVや強烈な怒りをぶちまける人というのは、大変おびえている恐怖のかたまりを心に持っており、暴力のあとは憑き物が落ちて、まるで子猫のようにかわいく従順になります。また、お互い依存関係（経済的、体力的など）にあるため、離れにくいということが起こっています。そのあたりを冷静に判断できる第三者に仲介してもらうこともおすすめです。

ガラクタ　その⓫「悪口」

深い傷が残るのは、傷つけられた人より傷つけた人

ママ友とのランチや会社の飲み会などで、その場にいない人の悪口で盛り上がったり、ネット上で知らない誰かのことを誹謗《ひぼう》中傷したりしている人、いますよね。

このような言動をしている側は、深い意味もなく、また悪いことをしたという認識もないかもしれません。覚えているのは傷つけられた側のほうで、悪口を言った本人は何も傷つかなかったように見えますね。

ところが、実際はまったく逆なのです！

神様は、人を傷つける言葉や声、行動で、まず自分の身体に非常に悪い振動を与えると言います。魂（＝精神）は純粋で柔らかく傷つきやすいため、身体

（＝物質）で守られる必要がありますが、自ら発する負の振動のせいで、自分の魂に、深い傷を刻み込んでしまうのです。そして、魂に一度ついた負の傷は、人から傷つけられた傷とは比べ物にならないほど深く刻まれてしまいます。

では、いじめた側はなぜ、自分のしたことを忘れてしまうのでしょうか？

それは、自分がつけた魂の傷が深すぎて、覚えていては前に進めなくなってしまうため、あえて記憶から外し、潜在意識の奥深くに埋め込んでいるからなのです。

一方、された側も、その悪い言動の振動で同じように傷つきはしますが、自分が発した振動ではないので、時間とともに浄化されていきます。魂のレベルでは、人を傷つけてしまった傷とは比べものにならないほど浅いのです。

このように、他人を傷つけた言動は、気づくこともできないままガラクタとなって、その人のオーラの輝きを奪っていってしまうということを知っておいてくださいね（オーラについては106ページなどで詳しく説明していきます）。

一度、しっかりと見つめてほしい、「トラウマ」と「親との関係」

すべての大本にある、親との関係

これまでの「ガラクタ」で、何か思い当たることはありましたか？　もしも一つでもあるとしたら、さらに振り返ってみてほしいのが、「トラウマ」と「親との関係」です。

それがすべての元凶となっているかもしれないからです。

解釈はそれぞれですが、私は、心の中に閉じ込められた過去のつらい経験をトラウマと呼んでいます。

トラウマは、執着や恐れを生み出します。

たとえば幼少期、人から傷つけられた経験があると、他人に対して潜在的に警戒心や嫌悪感を持つようになり、人を見るだけで知らず知らずのうちに不安が起こるようになることがあります。

また異性に裏切られた深い傷がある人は、潜在意識で異性に対し、憎しみを持つようになり、恋愛もうまくいかない結果になりやすいのです。

さらに何人ものクライアントさんとカウンセリングやセッションをしてきた結果、人生の進み方に大きく関わってくるのが「親との関係」であるということもわかりました。

特に多いのが「母親との関係」ですが、どんな人でも必ず何かしら親との確執を抱えています。

親のメンタルが不安定で大変だった、すべてを否定されて育った、いつも留守で不安な日々を過ごした、逆に常に親から依存されていたなど、人生のルートはどんな親のもとに生まれたかが出発点と言えます。生まれてすぐに関わり合いを持つのが、親だからです。

そしてそこにはもれなくトラウマも隠されています。

でも、心の中を見て、親との関係性や親に対する本音をひも解いていけば、親に傷つけられた当時の幼い自分を抱きしめることができ、トラウマが癒され、そこから新しい人間関係が広がるようになっていきます。

人間関係が楽になれば、仕事も人生もすばらしいものに変化するでしょう。

あなたが今、生きづらいと感じていたとしても、それはあなたが悪いのではありません。単に過去の心の傷がうずいているだけ。それに気づいてほしい、癒してほしいと、その傷が言っているだけなのです。

私自身も何度となく自分の心の中と向き合い、たくさんのやりとりをして、多くのことに気づきました。そして、それがあったからこその今なのだということも、もう、わかっています。

つらいときもあるでしょうが、そのときの悲しかった自分に寄り添えば、トラウマは自然に治癒し、必ずあなたの味方をしてくれる人が次々と現れるようになりますよ。

《大きなガラクタを抱えている人の特徴〜解説〜》

36〜37ページでご紹介した、あなたのガラクタの中身を解説します。

●ゴシップ記事など、うわさ話が気になって読んでしまう

人の失敗した話というのは脳に快感を生み出す波動を持ちます。日々の生活で神経が疲れ果て、気が詰まっているようなときは、負の刺激を必要と感じてしまうことも。

ただ、そんな刺激は一時的で、その後、大きな疲れを残すため、ますます負のループの深みにはまります。

●タワーマンションの上層階に住みたい

高層の建築物というのは強いパワーを持っているので、無条件に憧れる場合は、生命パワーが必要なときと言えます。

生命エネルギーをつくる血流は、地と連動しているため、高いところに行くほど血の巡りに影響があります。血の巡りが整っていないときに高層階で暮ら

すと、エネルギーの消費が大きくなり、人間関係、仕事関係などに支障が出てくる可能性も。高い建物に住みたいのなら、まず地に近い場所で生活し、血の巡りを活性化させてからにしましょう。

●買うなら海外ブランド

住む場所、育った場所ごとに波動の質は違い、質の違うものは大きなパワーをくれます。だから惹かれる気持ちはよくわかります。ただ、日本という国は、諸外国と比べて大変、繊細で緊張しやすい波動です。海外のものとは波動のハレーションが起こりやすく、ガラクタを引き寄せてしまうことに。外車なども故障しやすくなったりします。

海外移住を考えている場合も同様。自浄力が高まったあとのほうがスムーズです。

●メイクをしないと人前に出られない

幸せの基本は「自分を認められるかどうか」です。すっぴんの自分、男性ならマッチョではない自分を「みっともない、恥ずかしい」などと感じてしまうと、あなたの中の潜在能力が開きにくくなることに。

●電車で寝過ごす、降り損ねたりしたことがある

人生は、自分の意識が1%、残りの99%は神様や魂、ご先祖様や亡くなった方たちからの見えない存在からの示唆《しさ》で動かされています。

本来なら、どんなに爆睡していても、「着いたよ～！　起きて～」などと必ずサインを送ってくれているのですが、ガラクタがたまっていると、そのサインが入ってきません。遅刻が多い人も魂からのサインを受け取れていないと言えます。

●「願いが叶う」と言われるグッズをたくさん持っている

心にガラクタが多いと不安になりやすく、〝パワーのあるもの〟に飛びついてしまいます。またそれが「本当にパワーがあるのか」「自分に必要かどうか」をジャッジする力も働きにくくなります。

「欲しい！」と思っても、すぐ購入せずにひと晩、考えてから選ぶように。

●「新発売」「期間限定」「今だけ」が気になり、つい買ってしまう

これらには一時的にパワーを与える劇的な波動があります。ガラクタがたまっていると不安も高まるため、これらに強く引っ張られるようになり、不要なものも買ってしまうことに。本当に必要なのか、一度考えてみて。

●最近、詐欺やひったくり、泥棒などにあった

大事なものを盗まれる、だまされる、怖い思いをするといった経験は、あなたの潜在意識に、人に裏切られた悲しみや大事なものをなくした悲しみ、恐怖心が残っていると起こりやすくなります。

そのトラウマになっているできごとを一度、思い返してみるといいでしょう。

●お金を貸している、あるいは「お金を貸して」とよく言われる

お金に関してつらい経験がガラクタとしてたまっていると、お金が出て行きやすくなります。こういう場合、傷ついた悲しみや強い恐怖体験の傷がありま す。また、「自分には価値がない」と思うような経験があると、人に振り回されたりすることも起こりやすくなります。

●いびきをかく

いびきをかくのは緊張や我慢が続き、「身体や脳がもっと酸素が欲しい!」と、息を吸う力が強くなるため。また、体臭が気になるときも循環がうまくいっていないタイミング。いずれも深呼吸をして、しっかりと体内に酸素を送り込むことを意識してみるといいでしょう。

●ネットショッピングがやめられない

めずらしいもの、欲しかったもの、新品のものなどを手に入れると、一時的に爆発的なエネルギーを得ることができます。だからネットショッピングが止まらないときはエネルギー不足のときだと知っておきましょう。呼吸がおろそかになっていることも多いので、意識して深呼吸をする時間をつくりましょう。

●黒い服が多い

黒は波動を守ったり、入ってくるものをはねのけたりする特質があり、不安を感じているときに味方になってくれる色。一方、不安が大きいと、黒は邪気と同調しやすく、トラブルを呼びやすくなることも。黒い服を選ぶ時、何か緊張していることはないか、疲れていないか、考えてみましょう（143ページ参照）。ただ、黒は、浄化がある程度すんでから取り入れると大きなパワーともなります。上手につき合って。

●不倫の恋人がいる

身体や心が疲弊したとき、恋愛はその疲れを活性化させるホルモンなどを爆発的に生み出し、循環が劇的に良くなります。

でも不倫をしているときは、66ページなどでもお伝えしたように、心が疲れた限界に達しているときともいえます。

傷つける人、悲しませる人が発生するような行動をしていると、強い後悔にさいなまれ、人生が開きにくくなることもあります。それを魂は常に伝えていますが、心が疲れているために魂からのメッセージが受け取れなくなっているのです。

●駆け込み乗車をする

自分を認めてもらえない環境や経験が続くと、周りに自分を合わせようという動きが起きやすくなります。駆け込み乗車をするときは、心がモヤモヤして不安や焦りが強く、そのため駆け込み乗車による交通の遅延や自分自身のケガなどにも意識が回らない――それほど人生に絶望しているという気持ちが潜在意識にたまっている状態。

「自分を電車に合わせるのではなく、自分に合う電車に乗る!」。そんなふうに意識を変えておけると何ごとにも翻弄されない人生に。

●人の動向が気になる

上司に呼び出された同僚に、「どうしたの？」と聞いて回っているようなときは循環が停滞気味で、大きな刺激が必要なタイミング。気になることであっても、「自分がされたら悲しいよな」「自分に入ってこない情報や状況は必要ない」と意識できれば、邪気に邪魔されにくくなります。

●火事や事故、事件に遭遇したら、動画撮影する

循環が停滞気味の時にしてしまいがち。人の不幸をおもしろがったり、人にまき散らしたりする行為は、魂が悲しみます。そのため、自分にも同じようなことが起こり、強制的に人の気持ちを考えさせられたりします。

「自分がされたら嫌と思うことは絶対にしない」が幸せの基本です。

●生命保険などに複数、入っている

心に悲しみや恐怖、特に大事な人を亡くしたショックの経験が傷となって残っていると、不安が大きくなるため、不要な保険にまで加入することに。心の不安を浄化し、必要なものを見極めましょう。経済的な節約にもつながりますよ。

●匿名で相手を批判する書き込みをした経験がある

深い悲しみの経験があり、それがこの世や自分の人生を憎らしいと思う気持ちに変化してしまっていると、怒りを自分で抑え込むことが難しくなり、匿名で怒りを爆発させるという行為につながっていきます。自分の中にどんな怒りがあるか、どんな傷があるか、思い返してみましょう。

ていねいに見ていくと、怒りが落ち着いていきます。

●お守りやパワーストーンアクセサリー、開運グッズなどをため込む

お守りや破魔矢など、邪気払いをしてくれるものは古いエネルギーを吸い込む力がとても強いので、吸い込んだあとのものを持ち続けると、かえって重いエネルギーに。1年を期限として神社などにお返ししましょう。

パワーストーンのアクセサリーなどは、見た目が魅力的でなくなったり、糸が切れてしまったりしたらお役目終了。白い紙（ティッシュでも可）に包んでお礼を言い、ゴミとして処分してOKです。

●かばんにいろいろ詰め込んで持ち歩く

何から何まで持ち歩くのが安心な人は、その分、不安が大きいと言えます。「か

ばん」はあなた自身を表すものでもあるので、軽くするほど運気は上がります。慣れてくると、身に着けている必要最小限なもので人生がうまくいくようになりますよ。かばんを軽くして、人生ラクラクに！

●かばんを床に置く

自分のことを、「どうせ私は価値のない存在」と思っている人は、かばんを直接、床に置く傾向が見られます。それは過去に親やクラスメイトに、邪魔者扱いされた深い心の傷が関係していることも。かばんを軽くし、大事に扱えるようになれば運気は劇的にアップ！

●最近、自転車や車、家、携帯電話などが壊れたり、電化製品の故障が多い

疲れがたまっていると、ご先祖様たちが機械を止めて「少し休め」「疲れているよ」のメッセージを送ってきます。

持ち物はあなたの疲れや災いを代わりに受けてくれる神アイテム。すぐに買い替えたり修理に出したりせず、いったん休ませてみましょう。その後、復活するかもしれません。なお事故にあったり、盗まれたり、というのも、実は「難」を引き取ってくれています。

《人生の浄化が起こり始めている人の特徴》

□怖い夢、気持ち悪い夢をよく見る
□無視される、パワハラにあう
□濡れ衣を着せられる
□最近、骨折や大病をした
□問題が解決しない。さらに次々と問題が起こった
□大きな離別、死別を経験した
□おみくじで「凶」が出た
□タイミング良く臨時収入があった
□素敵な人、助けてくれる人に出会った
□リストラにあった
□理想の仕事につけた
□思いがけずすごい人（著名人、皇族など）に会った
□ゾロ目（222や333など）や続き数字、自分の誕生日の数字をよく見る

□神社や教会などが気になる
□わけもなく涙がこみ上げることがよくある
□富士山や神様が出てきたり、空を飛ぶ夢などを見た

《解説》

一見、負の印象に受け取れるできごともありますが、神様のサポートが入れる状態になると、これらのようなことが起こります。

特に病気や、大切な人との別れがあると、大きな不運のように思ってしまいがちですが、身体にたまった古いエネルギーのデトックスのために起こるとも言えます。

また人は亡くなる時、残された人の古いエネルギーをすべて浄化するようになっています。悲しい別れではありますが、波動が高まり、次のステージに進んだ時に起こるものとも言えるのです。

悪いできごとは、ガラクタが排出され、上昇気流に乗り始めている証拠だと受け止めてみてください。

COLUMN 2

トイレをきれいに掃除して、神様としっかりつながりましょう

トイレを掃除すると幸せになれるという話はとても有名ですが、それはどうしてでしょうか？

トイレは、尿や便という形で、あなたの心の中のガラクタを排出し、それを受け止めてくれる場所です。

ネガティブな感情は呼吸や怖い夢などによって宇宙に直接、お返しすることができますが、便に閉じ込められた不要物は物質なので、直接、宇宙にお返しできません。

それを受け止めてくれる場所がトイレなのです。

ですから、宇宙とつながるトイレを掃除するということは、神様とのつながりを育むことと同じ。

無心にトイレを掃除し、「神様、不要物を受け止めてくださり、どうもありがとうございます」と感謝することで、幸運の流れがやってくるでしょう。

第3章

ガラクタを手放し、あなただけの人生を好転させましょう

本来の魅力を発揮できない人とは？

ガラクタが、いいエネルギーをシャットアウト

心のガラクタを持っていると、自分を堅い殻に閉じ込め、すぐ隣にある幸せまでをも拒否し、本来の自分の人生を歩むことができません。

先ほどは大きなガラクタを抱えている人の特徴をお伝えしましたが、今度は、そんなガラクタを持ち続けていると、どのようなことが起こるのか、ご紹介しましょう。

・病気やケガを引き起こす
・不必要なものを購入してしまう
・夢、仕事、試験がうまくいかない
・過食になる
・お酒がやめられない

・見かけで判断して失敗する
・ダメ男やダメ女といることに気づかない
・相手のウソに気づかず、だまされる
・毎日がつまらなくて、将来、やってみたいことが思い浮かばない
・嫌な人や場所から離れられない
・望む結婚やそのタイミングを逃す
・無駄にお金が出ていく
・人の言動に振り回される
・トラブルに巻き込まれる
・自分にふさわしくないものを選ぶ
・大事な情報を逃す

ネガティブな例の羅列でうんざりさせてしまったかもしれませんが、心のガラクタは体内のあらゆる流れを停滞させ、いいエネルギーの流れを止めてしまいます。一度、しっかり認識してください。

ガラクタをため込んだら、あとは手放す

平穏を保つため、つらい思い出を心の奥へ

心のガラクタは、すでにお話しした通り、私たちの潜在意識にため込まれ、心の詰まりとなって魂の声を聞こえなくしてしまいます。

でも、なぜ私たちはそんなガラクタを次々、ため込んでしまうのでしょう。

私たちの人生には、思いもかけないできごとや大事件が起こります。必要なこととして起こっているとはいえ、衝撃が大きすぎると、受け入れることができなくなったり、思い出すとつらすぎて前に進めなくなったりもします。

「涙活《るいかつ》」と「同じ経験」で、手放していって

でも、そこで立ち止まっていては日常生活が送れません。そこで私たちの身

体には、負の感情を意識から追い出すような仕組みが備わっています。

例えば、声を出す、というのもその一つ。声に古い負の記憶が載って排出されるようになっているのです。会話する、歌を歌うなどでも、本来なら容易に排出できるものなのです。

ほかにも、くしゃみや咳《せき》、あくび、げっぷ、痛みやかゆみなど、身体から出るものはすべて古い負の感情エネルギーの排出アクション。ちなみに罵声を浴びせる人、常に怒鳴っている人には、古いエネルギーがあふれるほどたまっていると言えます。

そんな中でも劇的に効果があるのが、「泣くこと」です。

涙が出るとき、脳内にとどめられた感情の物質がエネルギーとして使われるからです。泣くとすっきりするのは、脳内の物質が相当量、排出されて気の詰まりが取れるおかげ。

神様や魂、ご先祖様などが、「涙活」のため、あえて泣く状況をあなたにつくってくれているのです。上司にどなられる、家族にイライラする、隣人トラブルが起こる、何をやってもうまくいかない！　というときは、まさにそのとき。大声を出して、わんわん泣けたら問題はほどなく解決するようになっています。

できれば普段から泣ける歌や映画、ドラマなどで悲しみを刺激して泣く習慣をつけておくといいでしょう。浄化が起こりやすい体質になれるため、人生にひどいことが起こりづらくなります。

同じような周波数をもう一度流す

もう一つの排出方法は、同じ周波数を脳内に流すというやり方です。

感情というのは目には見えない電気信号を持っているのですが、感情ごとの周波数はそれぞれ違います。

例えば、あなたがとても悲しいことを経験し、その悲しみを閉じ込めたとしたら、あなたの脳内には悲しみの周波数を持った物質が残ります。その悲しみ物質を追い出すためには、同じ悲しみの周波数を脳内につくり出す必要があるのです。

あなたが新たな悲しみを感じるとき、脳内には悲しみの周波数が流れ、過去にため込まれていた悲しみとぶつかり合って相殺《そうさい》され、浄化が起きるというわけです。

つまり、神様やご先祖様は同じ気持ちを感じさせるため、過去に経験したできごとと、うり二つのできごとを起こしていたのです。

もしも人生につらくて前に進めないくらい大きなことが起こったら、必ず、過去にも同じような経験がなかったか、思い出してみてください。過去のそのつらかったことを思い出すことで脳内に蓄積していた過去の感情物質は破裂され、なくなっていきます（つらすぎる経験の場合は、数回に分けて排出されていきます）。

当時の自分の不安やショックに寄り添うイメージで気持ちを思い出し、さらに泣くことで一層、浄化も早まっていくでしょう。

人生につらいことが起きる理由

過去生との関係性をひも解く

私たちの人生にはなぜつらいこと、耐えられないことが起こるのでしょう。

それは、ずっと我慢してきた過去の心の傷に気づかせ、その時の自分に寄り添い、感情の浄化を起こさせるためです。

そして過去世（今の自分として生まれてくるより前の、過去に生きてきたすべての人生）と深く関係しています。

私たちは今、ここを生きる前までに、他の国、別の時代、性別などまったく違う人生を幾度か経験しています。輪廻転生《りんねてんせい》の種類や回数はさまざまで、今、つらいことが多い人ほど、過去世の回数も多く、過去生の人生も複雑だったり、悲しみやつらさが多かったりします。

そんな過去世の無念を引き継ぎ、「リベンジさせよう！」というのが今回の人生。あなたが過去の人生の無念を引き継いでくれているのです。

そのため、過去世が経験したできごとがそのままセットされています。裏切りにあっていたり、大切な家族を亡くしていたり、重い病気で苦しみながら亡くなっていたり。そんな過去世のつらさを共有しつつも、その問題を良きものに変え、過去世が無念で終わらせた人生を今生では喜びに変えてみせる――あなたは、それらを引き受け、「つらかった人生をやり直そう」という、とても勇敢で心のやさしい魂を持っているのです。

もしも今、あなたにつらいできごとが起こっているとしたら、それは過去世でかつて経験していたこと。自分のせいで起こっていることは何一つなく、好転できるようになっています。

ですから、恐れずに受け止めてみましょう。勇気を持ってその感情やできごとに向き合っていれば、必ず、解決します。さらに、長い間、つらい闇をさまよっていた過去世は、浄化されると、今度はあなたの人生を押し上げる力強いエネルギーとなってくれますよ。

魂は、ミッションのために気づくまで何度でも試練を与える

「罰」は魂の軌道修正サイン

後輩をいじめていた先輩が、その後、まもなくいじめられる立場になってしまった。既婚男性と不倫をしていた女性が、その後、別の男性と結婚したけれど今度は夫に不倫されてしまった、など、自分がしたことと同じことが返ってくるという話はよく聞きます。

これを「罰が下った」と言う人もいますが、実は、これは自分の魂の仕業なのです。

魂は常に自分の行いを振り返らせ、軌道修正しようとします。なぜなら、魂には脳の意識と連携し、私たちをハッピーへ導くというミッションがあるからです。

つい傲慢な言動をしてしまう私たちは、自ら発する負の振動によって純粋で柔らかい自分の魂を傷つけ、後悔や罪悪感を生み、心にガラクタをためてしまいます。

そうしてガラクタがたまり、自分の直感（＝魂の声）が聞こえなくなると、魂は私たちをハッピーに導くという使命が果たせなくなってしまいます。だから「こんなことをしてはいけなかったんだ！」「あのとき、彼女はこんな気持ちだったんだ」と本人が気づくまで、同じような目に自分自身をあわせることで徹底的に伝えようとするのです。

魂にしてみれば、自分の使命を果たすための命がけの戦いですから、容赦しません。だから、間違ったことをすると、必ず明るみに出るようになってもいます。他の誰でもない自分の魂の行為です。

そうやって気づくまで、つきっきりでサインを送り続けてくれる、ありがたい存在が魂なのです。

ネガティブな感情がわいたら自分を認め、共感する

ネガティブな感情は心の調節弁

意識があるのは私たち人間だけではありません。すでにお話しした通り、感情にも意識があります。

特に「悲しい気持ち」や「つらい気持ち」は泣いていますから、なぐさめてあげたら安心します。「怒り」の感情には、「ほんとむかつくよね！」と、共感してあげたら納得するのです。

中には、ネガティブな感情を持つことを大人げないと感じる人もいるかもしれません。しかし、そのことに罪悪感を抱く必要はまったくないのです。

私たちはそうやって、良いものと悪いものを同時に持つことで、バランスを取っているからです。

ですから、くたびれているとき、不安なときに現れるネガティブな感情は、あなたの心の調節弁で、気持ちの安定に欠かせない感情です。

前にもお伝えした通り、ネガティブな感情はあって当たり前。ネガティブが悪いものなのではなく、負の感情がたまっていることが自浄力をにぶらせてしまい、良くないというだけなのです。

ネガティブなできごとは、過去の幼いみなさんが感じた悲しみを教えるために起こりますから、それに向き合うことは幼い自分を抱きしめてあげる大事なアクション。

ネガティブな感情がわいたら、ふたをせずに大変だった自分を認め、とことん共感してあげましょう。

こうして、良いものも悪いものも区別することなく、すべての存在価値を認めることができるようになると、神様があなたに力を貸してくれるようになるのです。

心のガラクタが蓄積して、できた邪気

邪気は落ち着く場所を探している

「邪気」という言葉がありますが、実際にはどのようなことを指すのでしょう。

邪気は人間の中にもともとあるわけではなく、心のガラクタが蓄積し、腐敗してできた結果、生まれたもの。たとえば、悲しみや恨み、罪悪感などが深すぎると、それらの念が邪気のもととなります。「人生を恨んでいる念」と言ってもいいかもしれません。

自ら邪気を発することもあれば、他人から邪気を受けることもあります。

では、邪気に侵されるとどのようなことになるのでしょうか?

一つの例としては、食欲が止まらなくなったりします。邪気は非常に大量のエネルギーを必要とするため、本人が食べたいわけではないのに、食べ続けて

しまうことがあるのです。

また、邪気は単独で行動するだけでなく、ネガティブな念とも同調します。「類は友を呼ぶ」と言うように、人のせいにする人、だます人、自分さえ良ければといった人には、似たような考えの人ばかりが集まるようになります。

ほかにも、同じような念を持った未浄化霊と同調して行動するようになることもあるのです。

通勤電車の中で見た霊に憑かれた人

先日、電車に乗っていたときのこと。ぐったりと眠り込んでいる女性の後ろに、悲しみにくれた20代前半くらいの男性の霊が寄りかかっていました。どうやら、恋愛を苦に自殺してしまった霊のようです。この女性も何か悲しいことがあったのでしょう。深い悲しみから生まれた邪気と同調し、「ふたり」はとてもしっくりきていました。

またあるときは、通勤電車の中で、複数の霊が憑いている人を目撃したことも。いきなり、ものすごい勢いで押されたので振り返ると、非常に強い怒りの霊に憑かれた般若《はんにゃ》の面のような表情の女性がいました。彼女は、恨み、悲しみ、怒りなどの念を抱えていたため、そこに何体もの未浄化霊が喜んで巣食っていたのです。

このような場合、どんなに浄霊をしても、本人の持つネガティブな感情が消えない限り、次から次へと新しい霊が寄ってきてしまいます。「類は友を呼ぶ」ではありませんが、同じ波動が伝わってしまうのです。

そして、心のすきまに居座っては、さらにマイナス思考へと陥れることに。緊張や不安、身体、神経の疲れが限界になっていると、邪気と同調するようになっていますから、「今、悩んでいることは何か」「無理して続けていることがないか」など自分の本心の涙に気づこうとしたり、心や神経を休ませるようにすることが大切です。

邪気を寄せつけないためにも、邪気のエネルギーと同調しないよう、心のガラクタを取り除き、ポジティブな考えを植えつけてくださいね。

邪気を追い払うには塩を上手に使って

ただ、自分では無意識のうちに邪気はやって来ます。人混みに行くと疲れる、別れた彼から生霊が飛んできた気がするなど、人のエネルギーで悩んでいる方もいるでしょう。

感じるセンサーがシャープだと、人と接するだけでエネルギーを消耗します。そんなときに効果的なお助けアイテムが、塩。塩は緊張のもととなる恐怖心などの邪気を浄化する力が大変、強いのです。

不安を感じるようなときは、塩を小皿に円すい形に盛って（きれいな形に整えられなくても大丈夫）枕元に置いて寝ましょう。緊張感を浄化してもらえます。あとは簡易・塩お守りもおすすめ。塩を少量、半分に切った半紙に包んで、さらにハンカチなどでくるみ、かばんやポケットなどに入れてお守りに。不安感を吸い取ってくれるので安心できますよ。

ちなみに塩お守りの有効期限は1日です。翌日は新しいものに替えてくださいね。

オーラが美しい人とどんよりしている人の違い

細胞は常に振動している

邪気は、どのようにして自分と同じようなネガティブエネルギーを見分けるのでしょう?

目に見えないことなのでなかなか理解しづらいのですが、私たちの細胞は常にそれぞれの速さで振動しています。その振動の速さが、「オーラ」と言われるものです。

自分の細胞の振動の速さと近い人と一緒にいると、効率よく心地よいフィールドがつくられます。だから、自然と同じ波動の人たち同士が集まるようになるのです。気の合う仲間というのは同じ波動の人たちです。

また、オーラがひときわ大きく美しく輝いているときの細胞は、自由に思い切り楽しんでいるご機嫌な状態。何ものにも邪魔されずのびやかに振動できると、同じようにモチベーションの高い人たちと気が合うようになるので、前向きな気持ちもわいてきて、夢もどんどん叶うようになっていきます。

例えば仕事がうまくいっている人、結婚が決まったり、子どもを授かったりした人はキラキラと輝いて見えます。声の張りも違います。これは喜びや安心で細胞が元気に活動しているから。

でも人生がうまくいっている人だけでなく、喜びや安心を心がけている人、周りの人を大事にして、感謝や反省を忘れない人のオーラも常に輝き、そばにいる人を瞬時に癒す力を持ち、理想の人間関係が築かれていきます。

まさに細胞の振動があなたを目指す方向へ動かしてくれているのです。

逆に、邪気の持つ波動は非常に低く、振動も遅く停滞気味。鈍い波動は高い波動と交わることができません。ですから、オーラが輝いている人とそうではない人が、仲良くなることはできないのです。

あなたはどちらの波動で生きていきたいですか？

邪気がおびえる高速のオーラ

高い波動の人のほうがいじめられやすい

オーラの波動が近いとお互いに引き寄せ合いますが、波動が遠いと交わらないことは、前に述べた通りです。

しかし、波動があまりに違いすぎることで、逆に接点が生じるケースもあります。

邪気は、高い波動のキラキラした、高速に活動するオーラがまぶしすぎて、自分たちの世界を脅かす光のもとを遠くへ行かせようと画策します。

それが、いじめやパワハラ、虐待です。波動の低い人は、波動の高い人がそばにいるだけで落ち着かず、強い違和感を抱いたりすることもあります。『シンデレラ』を想像してもらうとわかりやすいかもしれませんね。シンデレラをいじめていた、あのお姉さんたちやお継母《かあ》さんです。

いじめは、「相手が憎い」という気持ちから始まるのではありません。いじめる側の「私の不安やストレスを誰かわかって」という気持ちが、いじめという形で外に現れています。

一方、いじめられる側は、それを受け止められるだけの高い波動を持った人。ですから、本当ならいじめる側の思いをはねのけるくらいのパワーがあり、ネガティブな思いに染まることなく、自分らしく生きることができます。

でも、私たちは神様ではなく人間です。いじめが続けば、心が不安定な状態になりますよね。すると、どんなに高い波動を持っていても、瞬間的な力のある強い邪気に押されてしまうことがあり、次第にネガティブに染まっていってしまうのです。

いじめやパワハラなどにあったら、まずそれはする側の、あなたに対する「妬み」「やっかみ」「憧れ」、さらに「SOSだ」と思ってください。「相手は苦しんでいる、やさしい私にそれを訴えている、波動の合わないその場所は、高波動である私のいるべき場所ではないのだ」、そう意識することで心の安定が図れます。

そして波動の合わない場所や人と引き合ってしまっているのは、あなたに過去の傷を教えるためですから、次に、過去のつらい経験などトラウマを思い出してみましょう。小さい頃、親から暴言を受けた、友だちにひどいことを言われたなど、過去にも、似たような状況がきっとあったはずです。

つまり心に刻まれた深い傷というのは、そのときの悲しみやショック、恐怖が生まれた瞬間、電気物質として体内に蓄積されたままになっているもの。その物質は過去を思い出すことによって昇華され、排出されるようになっていますから、過去の幼い自分の気持ちに寄り添い、共感することで必ず癒され、なくなっていきます。

それを思い出し、つらかった小さい頃の自分をなぐさめてあげれば、そのトラウマは必ず解消していきますよ。

心の傷に気づくと、欲しいものが見えてくる

トラウマを感じて手放す

幼少期に受けた心の傷（トラウマ）に気づいた場合、その傷を癒すにはどうしたらいいのでしょう。

心の傷は、身体の傷と違って目に見えません。が、私は身体の中を透視することによって、心の傷を見ることができます。

94ページでも少しお伝えしましたが、心の傷は感情ごとに周波数が違っています。たとえば「大事な人を突然、失った悲しみ」なら、ショックやパニック、絶望という周波数を持った物質となります。大きな事故や事件で恐ろしい思いをしたなら、命を失う恐怖という周波数を持つ物質に、異性を信用できないと

いう気持ちが潜在意識にあるなら、異性に裏切られた深い悲しみという周波数を持った物質が体中にそれぞれ内在しています。そして同じ物質を持つ人とは波長が合ったり、気持ちをわかり合えたり、惹かれ合ったりするのです。

この物質、つまりトラウマは、悲しみやショック、パニック、絶望の深さによって現れる数が変わり、大きなショックほど、大量の物質となって生まれます。でも、このトラウマ物質は「感じる」ことで分解され、消えてなくなりもします。なぜなら「感じる」＝「同じ周波数が脳内に流れる」と相殺されるという仕組みだからです。

とはいえ、私たちはつらいできごとほど、思い出したくないので固くふたを閉じてしまうもの。そのため､負の感情を持ったトラウマ物質は閉じ込められ、残ったままになってしまっています。

でも深い悲しみや絶望を持ったまま、今の人生を進んでいくと不安が生まれやすく、せっかくの才能も開きにくくなってしまいます。

神様やご先祖様たちは「そうはさせまい」と、かつてのつらいトラウマを思い出させ、相殺させるためにあなたの人生に心の中と同じことを起こしてくる――それが、人生につらい繰り返しが起こる本当の理由です。

つらいできごとをよく観察してみてください。必ず過去に同じようなことを経験しているはずです。それは、「あのときと同じ悲しみが閉じ込められているよ」と教えてくれる天界からの愛の贈り物でもあるのです。

ただ、思い出すだけでパニックになることもありますので、そのときはまだ思い出さなくても大丈夫。必ず、思い出しても大丈夫なときが来ます。そしてそのときこそ、トラウマを手放し、大きく飛躍するタイミングなのです。

当時を思い出して、トラウマを解消

次に、トラウマを癒すワークを一つご紹介しましょう。できるだけ当時の状況を詳しく思い出すことで浄化が起こりやすくなるので、もしタイミングが来ているのなら、次の方法がおすすめです。ただ、「思い出すとつらい」「まだ思い出したくない」という場合は、もう少し時間が経ってからでもかまいません。

《つらい過去に脳内でワープ》

作文方式

場所はどこか、自分は何歳だったか、そこには他に誰がいたかなど、思い出せることを書き出してみましょう。昔のことは思い出しにくいので、無理やり行う必要はありません。恐怖やショック、悲しみでいっぱいだったできごとを作文方式でなぞっていきます。

例えば、「大切な人を亡くしたショック」なら……

○月○日
朝食をつくっていたところ、電話が鳴りました。母を預けている施設からの電話でした。ケアマネージャーさんが「お母様が危篤なので、すぐ来てください」と言いました。私は急いでタクシーを拾って施設に向かいましたが、頭が真っ白でした……。

この他、「リストラされた恐怖」「『別れたい』と突然、言われたときのパニック」などつらかった記憶を思い出し、人に説明するように書き出していきます。それだけで脳内に当時の周波数が発生し、トラウマ物質ははじけて消えていくでしょう。

ただ、ショックが大きいほどトラウマ物質の発生量が多いので、一度では傷が消えないものもあります。でも、「ああ、あのとき、しんどかったな……」などと思い出すたびに数は激減していき、じきに不安やパニックが起こらなくなります。

なお、巻末（252ページ以降）に「心のガラクタを宇宙に返すワーク」をご紹介していますので、そちらもあわせて活用してください。

本来の輝きに満たされるあなたになることを応援しています。

COLUMN 3

あなたがあなたらしく、健やかに生きていくために

私は離婚したあと、元夫に「もう一度、やり直したい」と伝えました。表面では「別れてすっきり！」と思っていたのに、潜在意識の中に彼への思いがガラクタとなって詰まっていたことを神様に見せられたからでした。

けれど、さまざまな事情があって希望は叶わず、結局、彼は３年前、急性の末期がんでこの世を去りました。

もし、本心に気づけず強がったままでいたら、その知らせにきっと大きな後悔が残ったでしょう。でも本当の気持ちを伝えきっていた私には後悔も未練もありませんでした。

このことで、私は自分の本心に向き合う習慣というのは、悔いのない人生をつくるために、そして自分らしく健やかに生きていくために、とても大事なことなのだと再確認させられたのです。

ぜひ、ガラクタと向き合う勇気を持ち、前に進んでくださいね。

第4章

自浄力を身につけるためにあなたができること

誰でも神様と会話をしている！

ひらめきこそ、神様からのメッセージ

自浄力が働き始めると、魂の声が聞こえるようになると同時に、神様と会話をすることもできるようになります。

「そんなことある？　特別な才能のある人だけでしょ」と思うでしょう。ですよね。私も最初は「これが本当に神様との会話なの？」からのスタートでした。

みなさんにはこんなひとり言の経験、ありませんか？

〝今日のランチは何にしようかな。パスタがいいかしら〟

次に、カルボナーラとボロネーゼで迷い、

〝どっちもいいなあ。でもひき肉たっぷりが食べたい気分。今日はボロネーゼにする！〟

着る服を選ぶとき、友だちと会う約束をするとき、入るお店を決めるときなど、私たちは毎日、悩みつつもいろいろなことを決めていますよね。

実はこれ、神様や魂、ご先祖様など、あなたを導く力とお話ししていることなのです。そしてこの自問自答には、本当は聞こえない神様の合いの手が入っているのです。

前出のひとり言を、私が体験した神様との会話バージョンにしてみると、こんな感じです。

「今日のランチは何にしようかな。パスタがいいかしら」

神様：お、いいんじゃないかな。

「カルボナーラとボロネーゼで迷ってるんだけど」

神様：……（返事がない）

「（返事がないときは「自分で考えなさい」ということ）ってことは……う〜ん、ボロネーゼにする（がんばって自分で決定）」

神様：いいねぇ〜！（自分で決定できたことを絶賛！）

とまぁ、こんな感じです。なんとなくイメージをつかんでもらえたのではないでしょうか。

自問自答で出てきた答え、と思っているかもしれませんが、そこにも見えない存在、神様や魂、ご先祖様からの、寄せたり引いたりの導きが入ってきていたのです。

自分で気づけば、波動は上がる

ただ、いつもいつも神様の声が聞こえると、ものすごく神経を遣い、エネルギーを消耗してしまいます。だから、通常は聞こえないようになっています。

ちなみに、私の場合も何でも神様が答えてくれたわけではありません。私が何を感じ取るか、どんなひらめきがあるかを待っている感じでした。

その頃は毎日、神様から「今日のテーマ」が与えられていて（最近は、それもなくなってしまいました。ちょっと寂しい）、たとえば「影」だとすると、私は自分の影をじっと見つめます。その間、神様は何も言いません。

しばらくして、私は気づきます。

「あっ！　影は影を映すものがなければ存在できません！」

「そう、つまり？」

神様の満足そうな声。

「つまり、自分の負の部分を見せてくれるできごとや、間違いを指摘してくれる人がいて、初めて自分は反省できます。それを示してくれる人やできごとに感謝しなければなりません」

神様は満足そうに微笑み、「それだけ？」と聞きます。

私はさらに考えます。

「影は太陽に向かっている時には視界に入りません」

「そう、つまり？」

「つまり、順調なときは反省を忘れてしまいます。ですからうまくいっているときこそ、あえて太陽を背に歩く、朝なら西に向かって、夕方なら東に向かって歩き、影を見る時間を設けるようにします。そのときにこそ気づくことがあるからです」

神様は、また満足そうに微笑みます。

答えを教えてもらって頼るというより、神様に話すことで自分の考えを確認するというやりとりでした。

でもそこにも神様の意図はあります。自分で気づくことができれば波動は上がり、浄化が進みますが、止まっている（自分で考えずに頼る）と、エネルギーの動きはない、だから自分で考えさせようということだったのです。

自浄力が働くとインスピレーションがわいてくる

私たちは何かひらめいたり、なんとなく思ったりすることをそのままにして、気にとめることもなく過ごしてしまいがちです。「あの子にＬＩＮＥしてみよう」「今日は赤いかばんがいい」などと思っても、すぐ次のことに気持ちが移り、「ひらめき」を忘れてはいませんか？

しかし、これこそが神様との会話のきっかけだったり、神様からのメッセージだったりするのです。

神様は常に私たちにいろいろなアクションを起こしてくれていますが、それを受け取れるかは、自浄力が働いているかどうかにかかっています。

というのも、つらいことが多かったり、ガラクタやトラウマがいっぱいだと、無意識のうちに神様に恨みを抱いていたりします。「なんで思い通りにならないの？」「どうして私ばっかり？」などという気持ちはそこから出てくるのです。

また、自分の可能性にも自信がないので、もし気づけたとしても「私がメッセージをもらえるはずはない、どうせ気のせいだ」などとそれを打ち消してしまうこともあります。

天界からの導きは「気のせい」でほとんどがスルーされています。例えば、引っ越し業者に何度かけても電話が通じないなら「他の業者さんがいいよ」、気に入った物件が審査で落とされたなら「隣人がうるさいからやめておけ」、レストランで注文と違うものが出てきたなら「それを食べたほうが、運気が上がるよ」などです。

ついイライラしたり、ショックを受けたり、怒りマックスになることですが、天界の人たちはこんなわかりにくい形で常に情報を送り続けています。

でも、「自分という存在は価値がないもの」「自分なんてどうせ」という自己否定が強いと、不思議な偶然（シンクロニシティ）をスルーしてしまいやすく、運命の人や、仕事のチャンスなどにも気づけなくなってしまうことも。

ですから、「ガラクタ掃除」と「トラウマ癒し」は欠かさないでください。そうして自浄力が働き、魂の声が聞こえるような状態になれば、インスピレーションがどんどんわいてきます。それを無視することなく、「気のせい？」と片づけず、神様からのメッセージとして、大切に受けとりましょう。

そして、ときには「これってどういうことですか？」とあなたからも神様に話しかけてみるといいですよ。すると、ひらめきやインスピレーションで神様は答えを返してくれるようになります。

神様とのやりとりを楽しんでいただけたら、うれしいです！

ふと浮かんだ数字や歌は神様からのメッセージ

単なる偶然と思うことも、実はすべて意味がある

有名な歌の歌詞ではありませんが、数字も言葉もすべて神様からのメッセージツール。

たとえば、あなたが転職を考えているとしましょう。周りの人から「今はやめておけ」「どうせ無理だよ」などいろいろ言われても、どうしてもあきらめきれない……。

そんなとき、神様はあなたがわかるようにメッセージをくれます。

一つが、歌です。

あなたの知っている歌のフレーズが頭に浮かんだり、タイミングよくテレビやラジオから流れてきたり。それは神様やご先祖様たちからのメッセージが含

まれた歌。歌詞だったり、歌手だったり、そこから何らかのメッセージが受け取れます。

「自分の道を貫け」系や「負けないで!」系だったりしたら、「誰がなんと言おうと、その道を進んで大丈夫!」というメッセージ。逆に、「ちょっと待って」系の歌なら、「今は時機ではない」というメッセージだったりします。

また、ときどき、ふと気づくと頭の中に音楽がぐるぐると流れていることはありませんか? そんなときは、歌の中にどんなメッセージが含まれているのか、考えてみましょう。

歌以外に、数字もよくあるメッセージツール。ゾロ目のナンバープレートの車を見たり、11時11分などという時計の時刻を見たりすると、天使からのメッセージと言ったりしますね。

私たち一人ひとりの人生というのは地界、霊界、天界、宇宙界など、あまたの異次元界の影響を受けているのですが、それらがぴったりそろうときは、劇的に大きなエネルギーが入ってきているタイミングなのです。

それを知らせてくれるのが、ゾロ目や続き数字です。

私は以前、時計、買い物の金額など、頻繁に「3」という数字を見たときがありました。その時、「3」という数字が大好きだったY子の顔が浮かびました。そこでY子に電話をかけると「ゆきえちゃんにすごく会いたかったの」と言います。まさにY子が「私に会いたい」というメッセージを「3」という数字で送ってくれていたのです。

ふと浮かんだ歌や数字は、神様はもちろん、ご先祖様や、誰かの思いがあなたに何かを伝えたいときに現れたりします。

日常生活で気づいたことは「単なる偶然」で終わらせず、すべてに意味があると知り、できるなら、そこにどんな「意図」があるのかまでも読み取れるようになっていけるといいですね。

ちなみにこのY子のように誰かとつながるときは、その人のおかげで自分のエネルギーが大きくなることを意味します。それを意識していると、お互いのつながりが深くなり、いいエネルギーが循環していきますよ。

悩んだときは、神様にどんどん質問して

シンクロニシティは神様がくれた贈り物

自浄力を高めるためには、自分を見守ってくれる神様の存在をいつも感じながら生きることが大切です。困ったときも必ず神様がついていてくれることを信じて前に進めば、道は拓《ひら》けるものです。

そして、神様も自分の存在をわかってもらおうと私たちにアピールするため、必死でプレゼントを贈ってくれています。

その種類は二つ。

一つは、「シンクロニシティ（不思議な偶然）」や「まさかの奇跡」です。

その人の話をしていたら、偶然、彼女が店に入ってきた、片思いの彼が振り向いてくれた、将来の夢につながる出会いがあったなど、「まさか！」と思う

できごとが起こったら、単なる偶然ではなく、すべては神様がくれたプレゼントです。

神様はシンクロニシティを通して、「その調子！」とエールを送ってくれているので、それが起きたときは神様への感謝を忘れないでくださいね。

困ったときは、神頼み！

もう一つは、苦しくてつらいできごとです。

なぜそれがプレゼントなのでしょう。

そこに「今の苦しさの中にダイヤモンドが隠れているよ。さあ、見つけられるかな」という神様の意図があるからです。

答えを見つけるのは大変ですが、手に入れたときの感動は比べものにならないほど大きく、自浄力も数段レベルアップしているもの。それがわかっているからこそ、がんばり屋のあなたに特別なプレゼントを贈っているのです。

とはいえ、苦しい中で冷静に答えを見つけるのは、なかなか大変ですよね。

そこで考えてもわからないときは、神様に直接、質問してみましょう。

「このことで私は何を知るべきですか？」

30分後にひらめきという形で答えが降ってくることもありますし、テレビや雑誌、家族の言葉に乗せて運ばれてくることもあります。1週間後、ふと気づくこともあります。

そして自浄力が働くようになればなるほど、気づくまでの時間は短くなるでしょう。

もし、それでもわからないときは、大きな声で叫んでみるのも意外と効果があります。最初は少し抵抗があるかもしれませんが、

「神様、本当にわかりませ～ん！　どうしたらいいんですか？」

「もっとわかるように教えてくれないと困ります！」

などという具合です。

家の中では大きな声が出しづらいなら、クッションなどを口に当てて大声を

出すとあまり響かないのでやってみてください（笑）。本音を口にし、素直に表現することで、自分の中のエネルギーも変わっていくでしょう。単に大声を出してすっきりする、ということもあります。

そうすると、神様は少しずつわかるように答えをくれるようになります。神様だって大好きなあなたとお話ししたいと思っているのです。だから努力をしているあなたが言葉を投げかけてくれたら、喜んでヒントをくれるのです。

ペンペンディング事項をリストアップして、実行

不安の波動は目に見える形にして排出

ひと口に「不安」と言いますが、実はいろいろな種類の不安があります。誰でも少なからず不安なのは「将来のお金や健康」かもしれません。これらは、自分ではコントロールしきれないから不安になるという側面もありますよね。

そんな中で、自分でコントロールできる不安もあります。

それはペンディング事項、つまり、やらなければいけないのにまだやれていない事柄です。

「全部できるだろうか」「どれくらい時間がかかるんだろう」「邪魔が入ったらどうしよう」などという不安が勝手にふくらみ、やらなくてはいけないのに、やれていない自分への罪悪感も絡んでくるうち、ナンセンスな妄想へと至ってしまいます。

そんなときは、心の中の不安を目に見える形にして、身体の外に排出するといいですよ。

どのように排出するかと言うと、いたって簡単！　まず、紙とペンを用意します。紙は、チラシの裏でも便せんでも、なんでもかまいません。そこに、「やるべきこと」「心配なこと」「気になっていること」を書くのです。

□今週中に企画書をつくる
□この前の電話で言いすぎたことを、母親に謝る
□洋服を処分する
□水道屋さんに連絡
□携帯を変える　などなど

内容も、期日も、順番は関係ありません。心の中でモヤモヤしている事項をすべて書き出して、よく目につくところに貼ります。実行できたら、□にチェックを入れたり、黒く太いペンで消したりすればＯＫ。

そしてこのリストに載っているものが、あなたの不安の正体です。

文字にして可視化してみると、「これならできそう！」と思えることも多いのですが、頭の中で考えているうちは「やらなくてはならないのに、やっていない、どうしよう」と不安になってしまうものです。

また、たとえタスクが実行できなくても、気にしないでくださいね。紙に書き出した時点で、心の中のモヤモヤが紙に移り、心の中の不安が外に出て行きます。単に浄化することが目的ですから。

ちなみに私は書いた紙を、よく目につく壁やカレンダーに貼っておきます。「これだけやるべきことがあるんだ」と意識すると、自然に頭の中が整理され、無意識のうちに手順、タイミングを考えていくようになります。達成したタスクを次々と黒く太いペンで消していくと、とてもすっきりしますよ。

すべて実行できたら、神様に「ありがとう」とお礼を言い、紙をたたんで捨てましょう。

心の声は付箋《ふせん》に書いてすぐ手放す

解決したら、お礼を言ってさようなら

不安、怒り、お願いごとなど、私たちは日々、心の中でさまざまなことを思い浮かべますが、心に浮かんだことを閉じ込めて放置してしまうと心のガラクタとなってあなたを重くしてしまいます。

そんなときは付箋を利用して。付箋で心のガラクタを排出しましょう。「かみ」という音《おん》の「紙」は、「神」を表していると言います。つまり、人前では言えない心の声をすべて紙（神）に落として処分してもらえばいいのです。先ほども「不安なことは紙に書き出そう」と言いましたが、それと同じですね。

また、文字は波動を高めるのに力をくれます。言葉には力が宿るからです。だから、「嫌い」とか「バカ」など、波動の低い言葉はめったやたらに文字に

はしないほうがいいでしょう。

たとえば、ショックを受けた気持ち、心配ごと、お願いごと、自分を励ます言葉、解決したい問題、反省、決心など、なんでもそのまま付箋に書きます。「S君、なんで無視するの？　悲しい」「感情的になってごめんね」「仕事が締め切りまでに終わるかな」「神様、いつもありがとうございます。今、私が直すべきところはどこですか？（質問したり、お願いしたりするときは、先にお礼を述べてから）」などなど。

付箋を上手に活用して

付箋は固定されることなく、どこへでも貼りつけ可能で移動でき、不要になれば、すぐ処分できる点でもすぐれもの。

いろいろな色がありますが、私のおすすめは中間色の緑です。緑色は感情を邪魔しないニュートラルな色なので、記入する付箋の色として適しているからです。

また大きさは、書く分量によって変えられるよう、大・中・小とそろえておくといいでしょう。

ダイアリーや専用のノート、パソコン周辺や冷蔵庫など、身の回りに貼り、気持ちが収まったり、願いごとが叶ったり、解決したりしたら、「ありがとうございました」とお礼を言って、折りたたんで処分します。

心の声は付箋に持ち去ってもらいましょう。

黄色の蛍光ペンは、神様の波動の色

ペンケースに1本、黄色の蛍光マーカーペンを

私はクライアントさんに「ペンケースに黄色の蛍光ペンを入れておくといいですよ」とお伝えします。魂の輝く光は太陽とまったく一緒ですが、その光は、黄色の蛍光ペンの色にとてもよく似ているからなのです。

だからそんな黄色の蛍光ペンを日常生活に取り入れることで、人生が好転していくのはある意味、当たり前かもしれません。

まずは手帳を取り出してください。勝負の日や何かをキメたい日はありませんか。そこを黄色の蛍光ペンで塗ってみて。

魂が色に同調し、相乗効果を生み出しますよ。

リストのチェックや書類の重要項目、請求書や家計簿などにも活用すると、

間違いが減ったり、判断が的確になったりします。

「家計が苦しい」と相談にやってきたHさんに、家計簿で予算オーバーの欄を黄色でマークしてもらったところ、さっそく浪費が減ったと教えてくれました。すごい効果ですよね。

読んでいる本も、気になる箇所はどんどん黄色いマーカーで色をつけましょう。資格試験の勉強をしているなら、ぜひ、黄色マーカーを手に。日記をつけている人は、うれしいことを書いた箇所に黄色いマーカーを引いて、神様にうれしさをアピールすると、もっといいことがたくさん舞い込んでくるようになりますよ。

新聞にもどんどんマーカーを引きます。見たいテレビ番組、気になる記事や言葉……。家族ともシェアすることで家族のゴールデンサークル（151ページ参照）もいっそう輝きを放ち、家の中が浄化されていくでしょう。

私もお守り代わりに、ペンケースにいつも入れてあります。

だまされたと思って、ぜひやってみてください。その効果をお楽しみに。

「これだ！」と思う色をインスピレーションで選ぶ

色からエネルギーをもらう

今、気になる色はありますか。

色はそれぞれが特別なパワーを持っていて、気になる色というのはあなたが今必要なパワーをくれるもの。簡単にパワーをチャージすることができる便利アイテムです。

還暦のお祝いに赤い着物を着るのは、人生を生きるための炎を燃やし、さらにパワーアップさせるため。不安が強いときは、赤いパンツをはくと生きる力を燃やしてもらえるので恐怖心がやわらぎます。

白系の色なら、あなたの持つ独自のオーラを思う存分、輝かせるお手伝いをしてくれるし、薄いパステルカラーは光がたくさん載っている色なので浄化を進めます。

人生に元気が欲しいときは、赤や濃いピンク、濃いオレンジなど、赤系のビビッドカラーがいいでしょう。車でいうガソリンの役割をしてくれるのでパワーをくれます。

「カラフルな洋服だと抵抗がある」と言うのなら、ビビッドカラーの靴にチャレンジ。腰から下に赤系の鮮やかな色の波動を着けることで、不安を消し、生きることに意欲的にさせてくれます。

また、靴は人生の進みを軽やかにサポート。足は大地のエネルギーと直接触れ合う場所です。支えてくれる足は華やかな波動のほうが前に進みやすいのです。初心者ならスニーカーから試してみるといいでしょう。新調することでパワーもわきます。

この他、自分に必要な色は、そのときのバイオリズムで変わります。

ハンカチや下着などにいろいろな色のパターン（白系・赤系・ピンク系・緑系・茶系・青系、水色系・紫系の8系色）を用意し、毎日、直感で選んでみましょう。直感で選ぶ＝魂ともつながるので、とてもおすすめ。スピリチュアル能力もグングンと磨かれます。

好きな色はテーマカラー

また、「大好きでつい、いつも選んでしまう」「そばにあると安心する」という色もあるでしょう。それはあなたの人生のテーマカラー。その色の特性と同じものをあなたは持ってます。

白が好き…人の良いところを引き出すことができる力
赤が好き…魂を鼓舞し、人生の推進力をつくる力
緑が好き…平和や博愛の波動を生む力
黄色やビタミンカラーが好き…人を元気、笑顔にする力
ピンク系が好き…やさしさと安心で包み込む力
ネイビーが好き…人のつらさに寄り添い、浄化する力
ブルー系や水色が好き…人の苦しみに気づき、喜びに変える力

茶系が好き…人を癒す力

など、それぞれの特質があります。

ただし、色はどれもメリットがある反面、デメリットも。

中でも知っておきたいのが、黒。お葬式などセレモニーの黒い服は、自分独自のエネルギーを抑え、本人の気や場を整えたり、守ってくれたりしますが、その一方で、邪念とつながりやすいこともあります。

あなたのバイオリズム次第では、品格のあるボディガードにも、チンピラやくざにもなる色です。

もしも運気が低迷している、疲れていると感じるなら、黒ではなく、ネイビーやこげ茶などの、他の濃い目の色にチャレンジするといいでしょう。不思議なことに、心のガラクタがなくなり、浄化が進んでいくと、黒に対するイメージがガラリと変わります。

今、気になる色は何かを意識してみると、人生も軽く楽しくカラフルに変わっていくでしょう。

光に近い色の洋服を着て気持ちをポジティブに変える

花柄の洋服を着て、幸せを呼び込んで

あなたは黒い洋服をたくさん持っていませんか？

確かに黒は他の洋服に合わせやすく、便利な色。また、着こなしによってはカッコよく、体型も引き締まって見えます。

しかし、先ほどもお伝えしましたが、黒を選ぶときは、心が少し不安定なことを意味します。黒は自信をつけるために利用する色でもあるからです。

また、光だけでなくエネルギーも通さない色なので、せっかくの幸せもはね返してしまったり、あなたの輝きさえも、さえぎってしまうことになりかねません。

では、どんな色の服を着ればいいのでしょう。

おすすめは、光を思わせる明るい色（ゴールド、バニラ、パステルカラー、薄いピンクやオレンジなど）や、花柄の服。光に近い色は魂の色にも近いので魂の輝きに同調しやすく、魅力が伝わりやすくなります。透明感やツヤ感のある生地なら、よりベスト！

男性や、女性でも花柄や明るい色に抵抗があるという場合は、その柄や色のハンカチなど、小物を持つのでもかまいません。インテリア、たとえば布団や座布団などでもいいのです。

一方、素敵な出会いに恵まれたいと願うなら、花柄を選んでみてください。明るい色や美しい模様を身に着けたり、持ったりしていると、その日の気持ちがポジティブに変わり、ネガティブな感情が生まれにくくなるという効果もあります。

あと、少し意外かもしれませんが、ペイズリー柄もエネルギーをくれます。持っていたら活用してくださいね。

「笑顔」のパワーで邪気を遠ざける

自分に結界を張ってくれる笑顔

本当は寂しさや怒りをいっぱい感じているのに、強がった発言をしたり、穏やかそうな表情をしたりして、それを感じていないふりをしていませんか？

感情にふたをするようなことを繰り返していると、潜在意識にしまい込まれた本当の感情がドロドロに発酵し、同じような波動を持つ邪気が集団になってくっついてしまいます。

邪気をたくさん引きつれて歩いているなんて、考えただけでもゾッとしますよね。これでは自浄力はおろか、幸せもはねのけてしまうだけ。

反対に、まったく邪気がついていない人たちもいます。

この人たちの共通点は「笑顔」。常に笑顔でいる人の周りにはきれいなバリアが張られ、重い念の邪気とはまったく無縁の世界で暮らしています。

笑顔は自分に結界を張ってくれるのと同時に、相手の邪気を鎮める効果も持っています。邪気をはねのける強力なお守りでもあります。

落ち込んだり、不安を感じているときに笑顔でいるのは難しいことですが、そんなときこそ笑顔です。本当には、笑っていなくてもかまいません。つくり笑いでも、口角を上げるだけでも、いいのです。笑顔をつくると、ほっぺが硬くなりますが、これがオキシトシンという幸せホルモンを出やすくすることが研究でわかっています。

もし、あなたが人間関係で悩んでいるなら（あるいは「もっとモテたい！」と思うなら）微笑を意識してみましょう。人は人に安心を求めています。笑顔のあなたにたくさんの人が集まってくるでしょう。

笑顔は神様が私たちに平等にくれたパワフルな自浄力の一つだと、覚えておいてくださいね。

七福神様の存在に気づき、家を笑いで満たそう

家はパワースポットにできる！

ある日のこと。隣の部屋から何やら人の気配がしたので、のぞいてみると、なんとお宝を担いで打ち出の小槌《こづち》を持った、恵比寿様がいるではありませんか！　そして周りには、その他にも大勢の神様、七福神様が笑っていました。

そしてこう言うのです。

「私たちはどこの家にもいるんだよ。でも、みんな気づいていないんだよね」

確かにその通り！　私もそれまで、自分の家に七福神様がいるなどとは、考えたこともありませんでした。しかし、誰の家にも家を守ってくれる神様がいるからこそ、私たちは家に帰ってくるとホッとすることをようやく理解したのです。

そんな神様たちの恩恵にあずかるには、家を笑顔と笑い声で満たすこと。そして「この家が大好き。この家にいると落ち着くわ」と声に出して伝えることです。

もし、今、不安を抱えてとても笑える状態じゃない、家族内でケンカやいがみ合いばかり、と言うのなら、七福神様に「もっと笑いの多い家にするために助けてください！」と心の中で念じてみてください。もちろん、口に出してお伝えしてもOKです。

また、誰もいなくても、家を出るときは「行ってきま〜す！」、帰ったときは、「ただいま〜！」と大きな声で言ってみて。

すると、誰かから知恵をもらったり、ひらめきがあったりと、いろいろな方法で「家」があなたを助けてくれるでしょう。本気で願う限り、必ず解決策を授けてくれますから、あきらめず信じること。

人はつい、神社やパワースポットに行ったり、パワーストーンを買ったりするなどして、外にエネルギーをもらいに行きがちです。でも、いる時間の長い場所、つまり家をパワースポットにするほうが、簡単に自分のエネルギーを満タンにできる方法だと思いませんか？

思い込みでもかまいません。家にとにかく感謝して。気づかないうちに魂がエネルギーを充電し、自浄力も高まっていきます。

家の中にあるゴールデンサークルを意識する

子どもは親を助けるために生まれてきた

笑顔で楽しく安心して暮らせる家庭には、目には見えませんが、「ゴールデンサークル」が存在しています。初めて耳にするかもしれませんが、ゴールデンサークルとは、笑いと幸せが循環するエネルギーのことだとある日、神様が教えてくれました。

子どもは親を助けるため、「この人の子どもになろう」と、親を選んで生まれてきたという話を耳にしたことはありませんか。

親に心配ごと、不安、怒りなどのストレスがあると、子どもは親の機嫌を取ったり、顔色をうかがったりなど、そちらにエネルギーを使わなければならず、本来の力が発揮できなくなります。

例えば、子どもを一流大学に入れたいなら、塾に行かせるよりも、親にストレスがなく、笑顔でいることが第一条件。家庭内にトラブルがあると、子どもはそのフォローにエネルギーを使い、勉強に集中することができません。子どもにとっては、親が楽しく幸せでいることが一番なのです。

シングルマザーになったI子さんは、経済的なことを考えて夜も仕事を始めましたが、働き出してから1週間もしないうちに小学生の一人娘が原因不明の熱を出すようになりました。が、夜の仕事を辞めると、すぐに、娘さんの熱はウソのように引いたそうです。

「お金がないから働かなくちゃ！　でも本当はこの子と夜も一緒にいてあげたいなぁ」と思っていたI子さん。お金のために、「一緒にいたい」と言う気持ちにふたをして働き出したものの、娘さんが熱を出してくれたおかげで、自分の本当の気持ちに気づき、そして冷静に考えてみたら、経済的にもさほど問題はなく、単なる思い込みだったということがわかったそうです。

子どもは親を助けるために生まれてきてくれていて、家族内にはお互いを癒し助けるためのエネルギーフローがすでに存在しています。

I子さんのケースのように、子どもが自分に問題を起こすことで親の内面に隠れた大事なことを教えようとするのも、このエネルギーのサークルが高速で回っているから。

「いやいや、我が家にはそんな気配、みじんも感じられません」と言う人もいるかもしれませんね。でも、最初はつくり笑いからのスタートでもいいのです。

「我が家の中のゴールデンサークルをグレードアップさせる！」と意識してみましょう。

「心がけるだけで簡単にそんな大きなエネルギーを循環させることができるようになるのかな」とも思うかもしれませんが、まずは試してみてください。

きっと何かが変わっていきます。

地味なルールや道徳をひたすら守る

罪悪感は心の奥底に沈殿する

あなたはルールや道徳をきちんと守れる人ですか?

自分の家のゴミをコンビニに捨てない、「ご自由にお取りください」と書かれた箱に飴がたくさん入っていても、あとの人のことを考えて1個だけいただく、など。

誰も見ていなければわからないし、「ご自由にどうぞ」と書いてあるなら何個取ってもかまわない、と思う人もいるかもしれませんが、魂はルールに非常に敏感です。

なぜなら、ルールや道徳は神様がつくったものだからです。

『かさじぞう』や『わらしべ長者』など昔話はまさにその象徴で、善行を積む人は幸せになり、悪行を重ねる人は不幸になってしまうように、地味なルールや道徳を守らないと、無意識のうちに心の底に罪悪感が沈殿し、いざというときの足かせとなる、ということを教えてくれています。

あなたがもし、自分の中に秘めている可能性を120%発揮したいと思っているのなら、神社巡りをするより、まずは、地味なルールを守りましょう。法律から、恋人同士の約束まで、どんなささいなことでも気にしてみてください。

仏教の十戒に「不偸盗《ふちゅうとう》」と言う教えがあります。これは他人の物を盗まないというものですが、物を盗るだけが盗みではありません。他人の物を無断で使ったり、会う時間に遅れる、約束を忘れるなども他人の時間を盗んでいるということだそう。

そして人の目を盗むのも同様です。人の目を盗まなければできないこと、人に言えないことを少しでもなくしていく、その意識を持つことで罪悪感が減り、細胞の振動に不純物がなくなって、オーラが美しく輝き始めます。

そこに良きものがマグネットのように吸いついていくため、毎日を堂々と軽やかに進んでいくことができるのです。

テキスト中心のＳＮＳは、ワナに気をつけて

文字に振り回されないで

ＬＩＮＥやＴｗｉｔｔｅｒなど、テキスト（文章）での間接的な交流や発信が当たり前になって便利な反面、傷つけられたり恐ろしい思いをしたりなど、トラブルが起こりやすいのもテキストメッセージの特徴ですね。

このようなテキストメッセージというのは、意見をしっかり伝える英語圏文化には向いているのですが、忖度《そんたく》や間合いのニュアンスも大切にしつつ会話をする日本語文化には、本当は不向きとも言えます。

自営業のＵさん（51歳）のケースです。

ネットショップでブーケやアレンジメントのオリジナル花束を販売していたＵさんは、あるお客様と親しくなりました。彼女は積極的にＳＮＳ（ソーシャ

ルネットワーキングサービス）で宣伝してくれるうれしい存在でした。

ところがその後、頻繁にLINEで連絡が来るようになり、忙しいからとやんわり断っていると「共同経営者（勝手に本人がその気になっていた）に向かってどんな態度、取ってんのよ！」と嫌がらせのメッセージが夜中に何度も来るように。Uさんはそのお客様と連絡を絶ち、落ち着いたと思ったその矢先、自分の店の悪い評判がTwitterに流されているのを知り、ショックと恐怖でメンタルを崩してしまいました。もちろんそのお客様が仕掛けたことでした。

Gさん（34歳）は5歳の男の子の母親で、幼稚園のママ友のLINEグループに入っていました。別のママの噂話も頻繁に出てきますが、話を合わせるため、自分が知っているうわさなども積極的に伝えていました。

ところがある日、子どもが熱を出し、LINEの返信をすぐにできないことが数回続きました。その後、久しぶりにLINEをしてみましたが、いっさい既読になりません。

不安になっていると仲の良いママから、「Gさん、ターゲットになってるよ」とメッセージ。

Gさんはパニックになり、「何が気にさわったんだろう」と考え込んでしまいました。その後も、園に行っても軽いあいさつだけで、ランチに呼ばれることもなくなりました。「子どもも仲間はずれにされているのでは？」などと疑心暗鬼になり、Gさんはショックでうつ病になってしまったのです。

テキストメッセージは慎重に

テキストには、悲しみや怒り、憎しみ、呪い、そんな負の気持ちが載りやすく、まるでナイフのように相手の心に突き刺さってしまいます。テキストメッセージでのやりとりは、意図や気持ちが伝わりにくく、きつい表現になりやすいため、150%エネルギーを費やす必要があると知っておきましょう。

また、Uさんのケースのように、迷惑なメッセージを突然ばっさりと遮断してしまうと、かえってこじれる場合も。嫌なメッセージを何度も送ってくる相手というのは不安が強く、邪気に影響されていることが多いため、怒らせると100倍返しがきます。相手を安心させるような言葉を添えたり、こちらの事情を説明し、「わかってもらえたらうれしい」と伝えることが大事です。

さらに、頭にくることをわざと言い放ってくるときは、相手についている邪気の仕業。逆上して強い返事を返すと邪気の思うツボ。深呼吸をして落ち着き、「相手が怒っているのはきっと大きな不安を抱えているからだ」などと想像する時間を持つことでトラブルにならずにすみます。

いずれにしてもテキスト中心のSNSは邪気のワナがいたるところに張られているので、どんな事態が起きても落ち着いて行動しましょう。

過去の傷を教えるトラブル

このようなSNSによるトラブルは、できる限り避けたいものではありますが、SNSでトラブルが起きがちな人の共通点として、「相手をなくしたくない」

という不安感があります。幼い頃に親が忙しかった、鍵っ子だった、友だちがいなかったなど、孤独の不安を傷として持っていると相手に対する執着が起きやすくなります。

Gさんの場合は過去にいじめを受けていました。Uさんの場合は仲の良かった友だちに裏切りを受けたことがありました。

今、トラブルに悩んでいるなら、過去の人間関係を思い出し、その時のつらさや悲しみを感じてみてください。

ところで、トラブルの相手となるのは意外にも、過去世でとても仲の良かった相手であることが少なくありません。大好きなあなたに過去の傷を教え、人生を浄化させるために、自分が悪者になって心を揺さぶるようなことを起こしてくれています。

どんなことも必要があって起こるもの。パニックにならず、落ち着いて対処すれば、解決していきます。以下の注意点も参考にしてみてくださいね。

《誤解を生まないテキストメッセージのやりとり》

・テキストメッセージのやりとりは、しつこいくらいの説明文でちょうどいい。

・怒りや悲しみ、恐怖などで感情的になっているときは魂とつながりにくいため、伝えなくてもいいことまで送ってしまう。落ち着いてから送って。

・悪いニュースを伝えるときは誤解されやすいため、くどいほどていねいに。必ずグッドニュースもセットで。「○○さんは元気?」「○○しなくてすんだね」など。セットにすると気持ちのバランスが取れ、緊張や不安が起きにくい。

・腹立たしいもの、深く傷つけられる内容のものを送ってくる相手は、人間ではなく邪気だと思うこと。破壊的な力をぶつけてくるので説得するつもりで会話をすると、危険。既読や未読スルーも火に油を注ぐため、慎重に。自分の感情が落ち着いてから当たり障りのない返信を。しばらく放っておくと相手が正気に戻るので、それから様子を見つつ、やりとりを。

・この世では「返事が来ない」「未読のまま」「思い通りの言葉が返ってこない」のは当たり前。返事が来ただけで奇跡と思うといい。

家以外の場所では靴を脱がない

エチケットやマナーを守ると浄化につながる

リラックスしたいとき、電車の中やオフィスで靴を脱ぎたくなりませんか？特に足に合わない靴を履いた日や、足が蒸れるような暑い日は、ところかまわず脱いでしまう人もいるでしょう。

なぜ靴を脱ぎたくなるのかと言うと、足裏はエネルギーの出入り口だから。特に疲れているときや緊張しているときは気の巡りが滞っているので、「靴を脱いで足裏から使い古しの気を出してしまいたい」と、無意識のうちに行動してしまうのです。

だからと言って公共の場で靴を脱ぐという行為は、あなたのネガティブな気を周りに放出しているようなもの。脱ぐべき場所まで我慢しましょう。

ただ、それでも人前で靴を脱ぎたくなるなら、疲れがマックスまでたまっているときでもあります。ゆったりした一人の時間を持ってみましょう。

そして、家に帰ってから足裏をマッサージしたり、足つぼ踏みに乗ったりして、足裏を刺激してください。気の通り道に風穴をあけることができるので、不安やイライラなどが解消されていくでしょう。

ちなみに人のお宅にお邪魔するときも、はだしはＮＧ。自分の気をまき散らすだけでなく、お相手の気も受け取ってしまうからです。

もう一つ、足のエチケットとして覚えておいてほしいのが、人でも物でも、何かをまたいではいけないということ。

私たちの〝また〟は古いエネルギーの出口だからです。少し強い表現かもしれませんが、それを人に向けるというのは相手に対して汚物を吐《と》しゃするようなもの。人はもちろん、物に対しても同様です。

エチケットやマナーを守ることは、浄化につながり、オーラをきれいにします。マナーやエチケットが身につき、自然にこなせるようになる頃には、自浄力もフル回転しているはずですよ。

気持ちが不安定なときに行ってはいけない場所

見つかりにくい場所に集まる未浄化霊

邪気は私たちの周りにたくさん存在していますが、中でも邪気と同じ波長を放つ未浄化霊の集まりやすい場所があります。それは、

・夜の屋外（暗ければ暗いほど、人がいないところほど多い）
・夜の海
・地下やトンネル、真っ暗な場所
・風の通らないところ
・窓のないところ、物置や倉庫のような人の出入りが少ないところ
・人が住んでいない空家（廃墟になった病院なども）
・夜の神社やお寺、お墓　など

未浄化霊は自分たちが良くないものだということを自覚しているので、見つかりにくいような場所に集まり、そこを行動拠点にします。

一人ひとりは非常に怖がりで、私たち人間と同じ。ですから、もし「自分はまだ心のガラクタを整理できていないな」と感じていたり、今、どうしても気持ちが不安定でイライラしているといった自覚があったりするときは、このような場所へ行くのは避けましょう。

近寄るだけで、たちまち負のスパイラルに取り込まれてしまいます。もし、どうしても行かなくてはならないのなら、「お邪魔します」「失礼しました」とその霊たちにあいさつをして入ること。そこに住んでいるであろう霊たちにあいさつをすることで邪気に憑かれにくくなります。

とはいえ、自分自身がネガティブな感情を抱えているときに未浄化霊が憑いてきても、自分もネガティブな感情にさえぎられてしまっているので、なかなか気づくことができません。

いずれにせよ、未浄化霊の集まる場所には行かないことが一番です！

ＩＴ機器が心のバランスを崩す

今は昔よりガラクタがたまりやすい理由

たとえば、電車の中にいるとき、また眠るときなど、「こっち向きのほうが落ち着く」という方向はありませんか？

私たちの身体には常に電気の流れが存在し、電界や磁界といった独自の気をつくっています。そしてこの気が自然界とうまくバランスを取ることで、身体と心の安定を図っています。

「こっち向きのほうが落ち着く」というのは、自然の気と自分自身の気の調和がなされているから。それがリラックス状態をつくり出してくれているのです。


ところが、この気はとても繊細です。

方位磁石をパソコンや電化製品のそばへ近づけると、針の向きが変わったり、ぐるぐる回り続けたりするのと同様で、私たちの気も人工的につくられた電気の持つ力によって、簡単に影響を受けてしまいます。

長い間、パソコンのモニターと向き合っていたり、携帯電話を耳元（脳の至近距離）に当てていたり、電車の中で携帯にタブレットなど、たくさんの電気に囲まれて生活をしていると、自身の波動がゆがみ、リズムが崩れ、精神の不安定さを生む要因となってしまうのです。

宇宙のエネルギーや神様からのメッセージは、リラックスした状態でこそ受け取れるのですが、ＩＴ機器や電化製品のもたらす電磁波による波動が、本来の自然な気の流れに抵抗やゆがみを与え、自律神経を乱し、リラックスしようとする働きを低下させてしまいます。

すると、常にストレス状態に置かれるので、冷静な脳の判断力が失われ、小さなことでも気になったり、簡単に解決できるようなことも大ごとにとらえていったりするようになります。

とはいえ、このご時世、ＩＴ機器を使わない生活というのは現実的ではありません。

そこで休日などを利用して、パソコンや携帯などから離れ、ぜひとも海や山など自然の中へ積極的に出かけてみてください！　そしてできれば靴下を脱いで、海に入ったり、大地を踏みしめたり。直接、自然を素肌をふれ合わせて欲しいのです。

そうすることで、身体にたまった電気が放出され（アーシング）、自律神経が整います。

また、自然が織りなす音には超音波が含まれていて、それが波動を調整し、自浄力を正常に機能させてくれます。波の音や木々のざわめき、鳥の声に川のせせらぎ……。思い出すだけでも心地よくなりますよね。

クラシック音楽やインドネシアの伝統音楽、ガムランの音色も、ゆがんだ波動を正常に戻してくれる大きな味方です。忙しくて自然の中に行けない人は、仕事のＢＧＭに流してみてはどうでしょう。

第5章

自浄力の基本をおさえて心も身体も脳も、もっと元気に！

まずは自浄力の基本、3要素を意識する

呼吸と排泄、睡眠にフォーカス！

自浄力を高めるためには私たちの身体を整える必要もあります。心身一体、心と身体は連動しているからです。中でも大切なのが、「自浄力・基本3要素」。具体的には、

❶呼吸
❷排泄《はいせつ》
❸睡眠

の3つです。

まず、私たちは酸素を吸うことで、魂を通して万物のもととなる宇宙エネルギーを体内に取り込んでいます。それは自分の「気」となり、人生の原動力となります。

そして二酸化炭素を吐き出したり、排便をしたりすることで、不要に生まれた邪気を再び宇宙に返しているのです。

また、質の良い眠りを取ることは、心と身体をリセットすることにつながります。寝ている間に見る夢は心のガラクタを処理していますし、私たちの魂は、睡眠時、肉体を抜け出し、宇宙空間へ戻って窮屈さから解放されると同時に、エネルギーをチャージしています。そうやって睡眠中、自浄力により心のガラクタを処理しているからなのです。

ふだん当たり前のようにしている、呼吸、排泄、睡眠ですが、神様が私たちに与えてくれた大切な自浄力機能です。この3つが正常に機能しないと、私たちの心身はたちまち不調に陥ってしまいます。

それは同時に、人生をがんばって進んできたみなさんへ、「ここらで少しお休みを取ろうね」という神様や魂からのメッセージ。自浄力の基本3要素を意識することで、人生が劇的に変わっていきます。

ここから、それぞれの要素について具体的に見ていきましょう。

自浄力・基本3要素 その❶呼吸1

身体にたまった不要な思いは呼吸で排出する

深呼吸をすると、なぜリラックスできるのでしょう?

先ほども少しお伝えしたましたが、私たちは空気を吸うことで宇宙からエネルギーを取り込み、息を吐くことで身体の中にたまった緊張、不安などの邪魔な思いを外へ排出しているからです。

今、試しに深呼吸をしてみてください。

鼻から吸った空気が、足のつけ根まで届くという実感が持てるなら、パーフェクトです。心臓あたりで止まってしまうような感覚なら、「呼吸が浅い」証拠。

1日に何度か深呼吸の練習をしてみましょう。

体に取り込んだ宇宙からのエネルギーは、頭のてっぺんから背骨の通る位置にある宇宙とつながる中継地点、いわゆる「チャクラ」を通して身体中に循環します。チャクラは、エネルギーを効率良く体中に送り届けてくれる換気扇（ファン）のような役割を果たしていると考えてください。

しかし、心配ごとや悩みごとで不安が大きくなると、ネガティブな思いが膨張してチャクラを圧迫し、調子良く回っていた、ファンの動きを止めてしまいます。だから呼吸も浅いのです。

そこで、呼吸するときは、次の3つを意識しましょう。

・宇宙のエネルギーを吸い込んでいると思って吸う
・体のすみずみまで空気を行き渡らせるよう意識して吸う
・不要な気持ちを宇宙に返すつもりで、身体中の空気を鼻から吐き出す

呼吸は、宇宙のエネルギーをいっぱいもらって、いらないものを神様に引き取ってもらう作業です。

そのことを意識しながら呼吸をすると、チャクラのファンが回り出し、次第に自浄力が働くようになっていくでしょう。

自浄力・基本3要素 その❶呼吸2〜鼻呼吸を意識して

脳を冷却する鼻呼吸

今の自分の呼吸を意識してみてください。あなたは鼻呼吸ですか？　口呼吸ですか？

鼻呼吸のほうが、バイ菌が体内に入りにくく健康的と言われていますが、実はその他にも鼻呼吸が大切である理由を神様は教えてくれました。

それによると、私たちの脳はとても緻密な働きをしているため、たくさんの熱を発していますが、鼻呼吸をすることで脳にも風が行き渡り、不要な熱を取ってくれているそうなのです。

確かに鼻で呼吸をすると、脳にも酸素が行き渡るような気がしませんか？

脳は私たちの司令塔ですから、脳が正常に保たれるということは心と身体の健康にとても役立っているのです。

もう一つ、鼻呼吸がいい理由があります。神様が言うには、鼻は呼吸をするための場所だから。口は物をおいしく食べたり、いい言葉や歌、笑い声など美しく楽しいものだけを出し入れする場所になっているのだそうです。それぞれの役割があるのですね。

悩みを抱えているとき、病気になるときは、必ず呼吸が浅くなっています。つまり、緊張や不安で身体が硬くなってエネルギーが入りにくくなっているときであるともいえます。

呼吸が順調になると回復しますので、呼吸に意識を向けながら、最近、何か問題を抱えていないか、本当に望んでいることは何か、など自分に問いかけてみましょう。

また、あくびをするときはできるだけ大きく口を開けるのがおすすめ。顎《がく》関節を大きく開くことで気の詰まりを取り、エネルギーの流れをスムーズにすることができます。

酸素の力を侮らず、今日からたくさん身体や脳に送り込んであげましょう。

自浄力・基本3要素 その❷ 排泄

「不安」がたまると、便秘・下痢になる！

大勢の人の前で発表する時間が迫るにつれておなかが痛くなる、会社に行こうとすると下痢になる、旅行をすると決まって便秘、やることなすことうまくいかないときに限って便秘になり心身ともにすっきりしない。そんな経験はありませんか？

これは、不安や緊張という波動がたまった結果、腸にもその影響が及び、起こっている現象です。

便は、あなたの中の不要物（食べ物のカスや心のガラクタなど）を外へ出してくれる役割を持っていますが、その不要物のかたまりをそのままにしておくと、腐敗して悪臭を放ち始めます。そこに、不安の波動が腸を圧迫してくるので、便秘が起こったり異常に細い便になったりすることに。

出口が詰まっていたら、入ってくるものも入ってこられませんよね。

そこで、神様が言っていたのが、「トイレに入ったら、便意がなくてもとりあえず腸の蠕動《ぜんどう》運動を促すためにいきむことが大事です」。

もし排泄できなくても、出ないことばかりにフォーカスしないで。「不要物を出したい！」という思いはちゃんと身体中に伝わっています。身体は「あうん」の呼吸でそれを受け止めてくれているから大丈夫！

下痢も、不安の波動がおなかにたまり、極端に腸を圧迫している状態。あるいは、不安がなくなり、ほっとしているときにも起こります。

いずれにせよ、何が自分を不安にさせているのかを突きとめ、自分を安心させる作業が必要です。紙に書き出してみたり、ペンディングになっていることを終わらせたり。

また、早めに寝たり、下腹部を温めたりするなど、身体のケアもいいですよ。

身体が安心すると、心も安心します。

自浄力・基本3要素 その❸ 睡眠1

よく寝ることが大切な理由

私たちは、1日のおよそ3分の1、つまり、人生の3分の1を睡眠時間に費やしています。これは何を意味しているのでしょう。

神様によると、夜、寝ている間に意識がないのは、人生の重みから逃れ、リラックスするために必要な魂の活動時間だからだそう。

私たちはリラックスしていると、「夢に向かってがんばろう」「人生ってすばらしい」「人とコミュニケーションを取ることは楽しい」など、前向きでオープンでいられますね。

そしてこれこそが、私たちが生まれると決まったとき、つまりお母さんのおなかに宿った瞬間の気持ちです。私たちは誰もが「早く生まれたい」「いろんなことが体験できるこの世に生まれてこられて、ラッキー！」と思って誕生しました。

現実世界で生きていると、そんなことはすっかり忘れてしまうのですが、睡眠により魂をリラックスさせることで、本来、生まれてきたときの気持ちを思い出させ、浄化を図っているのです。

また、夜は神様とつながりやすい時間なので、寝る前、頭の中にいろいろなことが浮かんできたら、それは神様からのメッセージである可能性もあります。

とはいえ、なかなか寝つけなかったり、夜中に何度も目が覚めたり、朝早く目覚めてしまったりするということが続くような場合は、ストレスや心配ごとがある証拠。

眠れないなら、起き出して心に引っかかっていることを紙に書き出し、具体的な解決策を考えてみましょう（もちろん、翌日でもＯＫ）。

心配ごとは頭の中をグルグルと巡り、それが勝手に大きくなるもの。紙に書いて可視化し、問題点が見えてくると、整理ができて眠れるようになることもあるので、お試しくださいね。

自浄力・基本3要素 その❸ 睡眠2

～布団は神様だと考える

毎日、布団に入り、眠りにつけることに感謝を

夜、ふわふわの布団にくるまって眠るときは、至福の瞬間ですよね。やさしく包み込んで、今日1日のすべての疲れを癒してくれる温かな布団。

そうです。布団は神様なのです。ですからどうぞ大切に。中でも「布団を踏まない」「布団に入って眠れることに感謝する」ことを忘れないでください。

布団は神様なので踏んではいけないし、睡眠も、私たちの身体の邪気を外へと排出してくれる、神様が授けてくれた神聖な行為。「今日も1日、ご苦労様でした」と言ってくれる神様（＝布団）にくるまれて、眠りにつく――こんなふうに考えると、〝眠る〟という行為が、とても神聖な儀式に思えてきませんか？

そうやって布団に入る前も、「今から浄化の儀式を行う」と思えれば、つらいことや苦しいことがあった日でも、気持ちがリセットされていくでしょう。布団で眠りにつけることに感謝していくうちに、自浄力もどんどんついていて、神様ともつながりやすくなります。悩みごとの解決策も、次第に現れてくるはずです。

そして朝起きたら、掛け布団を外し、布団の湿気を飛ばすといいですよ。睡眠で外に排出された邪気は、布団に湿気となってこもっています。だからベッドメイキングしたり、押し入れに布団を入れたりするのは、湿気を飛ばしたあとで行ってください。

休日など時間のあるときは、日光に布団を干して湿気を取り除きましょう。お日様のいい匂いも手伝い、さらによい睡眠が取れて自浄力も高まります。ちなみにベッドだと、マットレスは干しにくいので、掛け布団や枕だけを日光に当てるのでもOKです。

自浄力・基本3要素 その❸

睡眠3～不安は怖い夢でデトックス

夢は心の状態を映す

夜中、夢にうなされて起きたという経験は誰にでもあるでしょう。

夢の中で人を殺してしまったり、逆に殺されそうになったり、泥棒に追いかけられたりなど、恐ろしい体験で目が覚めることもありますよね。

これは、自分のしたことへの罪の意識や、かつて体験した恐怖などが大きすぎたため、心の中にしまいきれずに夢となって形を変え、現れたもの。

心配ごとや不安はそのままにしておくと、どんどん増殖してしまいますが、それらを形にして外へ排出する作業が「睡眠どきの夢」の一つの役目です。

なので、悪い夢を見たからと言って、恐れることはありません。

印象があまり良くない夢も同じこと。今の仕事に行き詰まりを感じているときに、暗闇を不安になりながら歩いている夢を見たとしたら、目に見えない「不安」というガラクタを、わかりやすく夢に見せて浄化してくれている証拠。

ですから、このような夢を見た日は、逆にすっきりしていることが多く、転職を決意するなど心が決まったりもします。安心してくださいね。

魂やご先祖様などからのメッセージ性が強い夢は、嫌なイメージはなく目が覚めてもはっきり覚えていたり、しばらくして突然、思い出したりするものですから、そういった夢は大切に書き留めておくといいでしょう。あとから見て元気をもらえたりもします。

また、亡くなった人の夢を見たときは、その人から元気パワーをもらえているタイミングでもあります。起きてから、心の中でお礼を言ってくださいね。

このように、夢による浄化を意識していくと、自分の潜在意識のガラクタの詰まり具合や、魂やご先祖様からのメッセージがわかるようになるので、自浄力も働くようになってきます。

いずれにせよ、夢が見られるのは人生が順調に巡っている証拠。自浄力がついてきているのだと思ってください。

自律神経を整えて、人生を楽しく

気の遣いすぎを手放して

ところで、私たちには自律神経があります。身体のさまざまなバランスを整えてくれる大切な神経で、人生をリズミカルに楽しく進ませてくれるものでもあります。

やる気にあふれ、少しぐらい傷ついてもすぐ立ち直れる、問題が起こっても解決を楽しめるようにしてくれます。

でも、前向きになれなかったり、前に進めないときもありますよね。

それは神経が疲弊してしまっているから。

自律神経は、私たちの日々にメリハリをつけて楽しく進ませてくれる、なくてはならないもので、これが、悲しみや苦しみのいっぱい詰まった潜在意識のふたの開け閉めの調節をしてくれています。

だから心や身体が元気なときは、考え方がポジティブで、ちょっとした難問も苦にならず、興味あることに恐れず進んでいけます。

でも自律神経が疲弊していると、潜在意識と顕在意識を隔てているふたが開けっ放しになり、潜在意識とつながりやすくなってしまいます。潜在意識には、閉じ込めた悲しみや後悔がたくさん詰まっているので、ガラクタが多いと、つい、ネガティブな思考になってしまい、自信ややる気を失ってしまうのです。

自立神経が疲弊するのは、「気の遣いすぎ」。

人生に思い悩む人は、気をもんだり、気を遣ったりすることが続いています。緊張、不安、恐怖にかられたできごとが続くと、自律神経がすり減って機能しなくなり、毎日うつうつ――そんな負の連鎖に。

そこで次ページから自律神経を元気にするヒントをお伝えします。どれも神様が教えてくれ、私自身が実践して劇的に良くなったおすすめの方法ばかり。

いきいきワクワクした笑顔のあなたに戻っていきましょう！

《人生をリズミカルに変えるアクション》

●眠い時は「眠りなさい」のサイン

眠気をスルーしないことが重要です。眠くなるのは天界からの「眠りなさい」というメッセージ。目を閉じているだけでも宇宙エネルギーが入ってきているので、眠れる時間が取れないというときでも、1分でかまいません、目を閉じる習慣をつけましょう。病気になりにくくもなりますよ。

●脳の不安を穏やかにするクラシック

不安になりやすい人は、デンジャラス波動が脳のスタンダードになっています。脳というのは、ルーティーンを変えることを面倒がるもの。不安を感じ続けていた脳は、緊張しているほうが楽なのです。

そこで、クラシック音楽を聴いて脳のスタンダードをリラックスモードに変えましょう。ポイントは、脳に覚えさせることなので、

・同じ曲を繰り返す

・1週間くらい聞き続けると脳細胞が覚える

・ハミングできるくらい、覚える

こうしているうちに、脳はリラックスモードへと変わっていきます。

もし選曲に迷うなら、クラシック曲で、静かな気持ちが落ち着くものを。モーツァルトの「クラリネット協奏曲第2楽章」や、映画『ピノキオ』の「星に願いを」をハミングしたり。好きな子守唄を口ずさむのもヒーリング効果が高いですし、あなたが好きな歌、安心できる歌、音楽があればそれでもかまいません。

●何かに集中することでドーパミンを出やすく

集中することで、前向き、かつ元気になり、ドーパミンが出やすくなります。朝、日記を書く、塗り絵をする、軽い掃除をするなど10分ほど「積極的な行動」をすることで、神経が正常になり、邪気を跳ね飛ばせるように。

朝、動けないほどしんどいときも、身体を縦にすることで自律神経が整い始めるので、着替えたり、立ち上がったり、家の中を歩くだけでもかまいません。余裕が出てきたら、朝、カフェに出かけて朝食を食べたり（朝カフェは週に2～3回）、人がいる場所へ行ったりしてみても。次第に、自律神経が元気になり始めます。

●ワクワクをつくる

やる気が起きずつらいときは、脳がワクワクを忘れてしまっているせい。思い出させるため、ワクワクをつくりましょう。

ちょっとぜいたくなスイーツ、見たかった映画、おいしいコーヒーなど、毎日でも、1週間単位でもいいので、楽しみにできる何かを用意してみて。脳がかつてのワクワクを思い出し、元気なあなたに戻っていきます。

●白いご飯を食べる

お米には毒素を排出し、気の詰まりを取る優れた特質があります。元気になりたいときは積極的に白いご飯を食べましょう。

人生がつらいときは内臓の消化機能も落ちているので、玄米、五穀米よりも消化のいい白米を選んで。白米のおかゆを食べ続けたら重い病気が治ったという人もいます。

●頭部を塩でマッサージ

体にたまったストレス物質は分解されたあと、塩によって排出されていきます。なんだか生きづらい、なぜかうまくいかない、ショックなできごとがあった、体調が戻らないなどと感じるときは、塩シャンプーでマッサージ。

髪の毛をぬらしたら、地肌に大さじ2杯くらいの塩をすり込み、よくマッサージします。お湯でしっかりと洗い流したら、いつも通りシャンプーを。

塩は何でもOK（特別なものである必要はありません）。ただし、塩は強いので痛みを感じたらすぐに洗い流してください。

●顔骨と首周りのマッサージ

発生した老廃物が蓄積されると、脳の指令が各部に届きにくくなります。脳内には神様や魂、ご先祖様、亡くなった方などの波動とつながる部分があり、直観力やパワーを受け取る力にも影響してきます。

循環が良くなると、宇宙エネルギーが入り、人生の底上げが起こりやすくなるので、しっかりケアしましょう。

鎖骨の間のちょっと上あたりに不要なエネルギーが溜まっているので、ここを押して思い切り咳を出します。

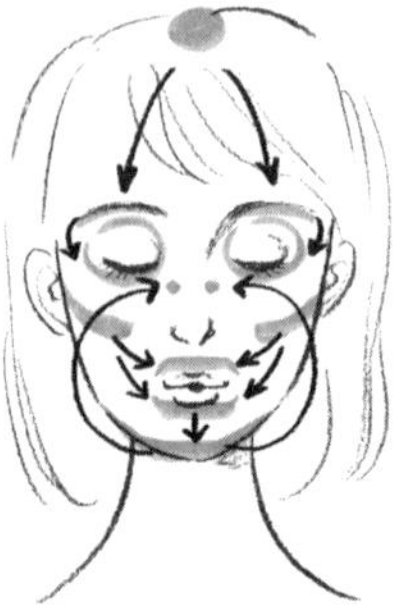

顔と頭頂の骨マッサージで流します（グレーのポイントを刺激）。

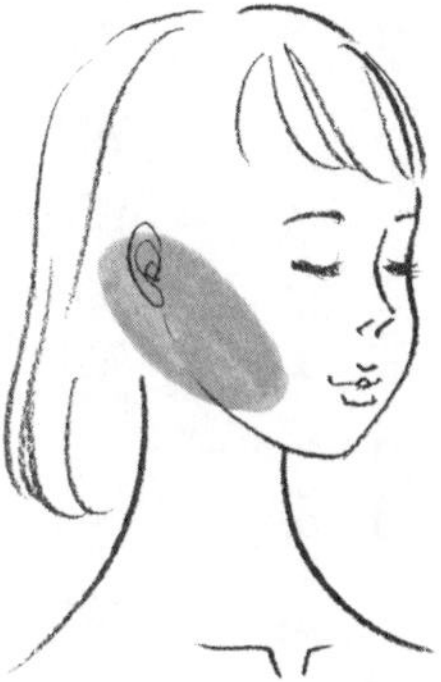

顎関節や耳の周り、上顎と下顎のつなぎ目の関節、エラのあたりが気が詰まりやすい場所。
顎関節あたりの詰まりを取ってくれるのが「かみかみフード」。おせんべいやナッツ類をよく噛んで食べることで詰まりを取って。おすすめは柿ピー。
ただし、悩みが大きい場合は歯が弱っていることも多いので、硬いものは避け、食事をよくかんで食べるだけでも十分です。

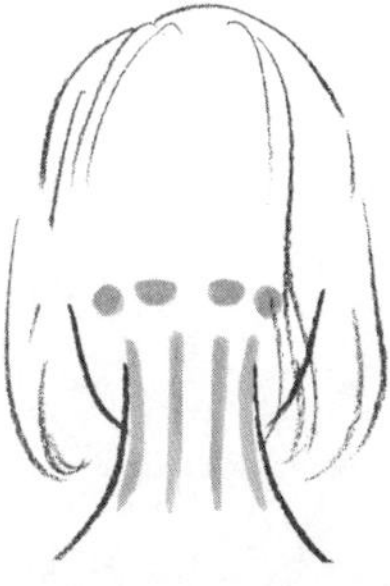

頭の後ろ〜首筋あたりをもみます。首の後ろは、詰まりの流れていく道になるので、首のリンパ腺も合わせて手のひらでつかんで大きく、少し強めにもんで。

体内を常に新鮮な水で満たす

邪気を溶かして流し去る、水の効果

「水分はしっかり補給しましょう」

「水は身体にいい」

などと言われますが、なぜ、水分を取るのが大切なのでしょう。

地球も7割は水で覆われていると言われていますが、私たちの身体の6〜7割も「水」。さらに水は波動を吸収するという特質があるため、心の中にたまってしまったガラクタや負の感情などの邪気も水に溶かして、流し去ることができます。

体内に水分が十分にあると、不要な感情や不安は、体内の水分に吸収されて尿や汗としてスムーズに排出されていきます。排泄をするとすっきりしますが、それは体内の不要物を排出したため。こうして、身体の不要物を取り払い、幸運が入るスペースをつくってくれるのです。

一方で、水の入ったペットボトルに「ありがとう」と書いておくと、「ありがとう」が持つ波動を水が吸収しておいしくなると言われるように、私たちの発した言葉や考えがポジティブであれば、体内の水分は良い波動を放つ水となって、身体中を巡ってくれます。

このように、体内に水分で満たしておくことは、何よりの浄化になりますから、新鮮な水をしっかりと補給しましょう。新鮮な水で満たされている人のオーラはとても明るく大きく見えるものです。

また、神棚や仏壇に供えたお水も邪気をよく吸い取ってくれるので、毎日換えることで部屋を浄化してくれます。花びんの水も同じ。生花を飾るといいというのは、そんな理由もあります。

ただし、邪気を吸い取った水なので、決して飲んだりしないこと。「ありがとう」という感謝の気持ちを添え、排水口に流しましょう。

肉や魚はおいしくありがたく、いただく

元気がないときは、感謝してエネルギーチャージ

動物たちは人間に食べられることを喜んでくれています。パワーにしてくれるのだったらそれを誇りにすらしてくれています。

ところがです。豪快な黒マグロ漁のドキュメンタリー番組を見ていたときのこと。釣り上げられた大きなマグロが突然、しゃべり出しました。

「他の何者かに食べられるなら悔しくないけど、人間だけは嫌だ！」

「は？」

「人間は獲るだけ獲って残して捨てるから、人間だけには食べられたくない」

画面のマグロは、悔しさでいっぱいになりながら、そのまま船上に吊り上げられていきました。

最初にお伝えしたように、動物たちは食べられることを決して嫌がっているわけではありません。

とはいえ、生態系で食物連鎖の頂点にいる私たちが、すべてを好きなようにしていいということではないのです。その知性とやさしさで生態系の円滑な循環を司らなければなりません。

また、元気がないとき、疲れたときはお肉やお魚が欲しくなりませんか。お肉など動物性たんぱく質というのは、私たちに、前に向かっていきいきと進む絶大なパワーをくれます。そしてチーズ、ケーキなどの乳製品は恐怖心を癒す力を持ちます。肉や魚、乳製品というのは私たちの心のガラクタを浄化させる力が劇的に強く、元気のためのマストアイテム。食することで動物たちがエネルギーチャージをしてくれているのです。

そのうち、浄化が進んで次第にエネルギーに満ちてくると、肉、魚、乳製品などを必要としなくなります。

感謝して幸せを感じ、自浄力を高めましょう。

栄養にこだわりすぎず、直感で食べたいものを

栄養バランスでストレスを抱えないで

ダイエットや健康法にはさまざまなものがありますが、健康的に痩せようと思えば、栄養バランスが大切になってきます。

栄養バランスを考えるダイエットや食事療法はとてもすばらしいと思いますが、もしもそれがストレスになっているようなら、どうでしょう。

特に完璧を目指す人ほど、一つでも栄養素が取れなかったりすると納得がいかず、食べている間も、その日の反省と翌日のメニューに没頭してしまいがち。目の前にあるご飯の味なんて、どうでもよくなってしまいます。

何かにとらわれて無理やり食べることは、気持ちと身体を硬くして入ってくるエネルギーを拒否し、不要な贅肉をつくってしまうだけ。

多少、バランスは悪くても、たとえ身体に良くないとされるものであっても、「おいしいね！」と笑顔で食べられることのほうが大切です。「おいしい！」と思った瞬間、脳内で大量の幸せホルモンが発生し、気の詰まりを一気に取ってくれるという動きが起きています。幸せな気持ちでおいしくいただくと、その喜びはエネルギーとなり、多少、何かが入っていても、それを外へ出そうとする自浄力がしっかり働いてくれるのです。「おいしい！」と思ったなら、それが身体にグングン取り込まれている証拠です。

食べるときは思う存分、楽しんでいただきましょう。食べ物も、あなたのその喜びを感じ取って、「大いに役に立とう！」と張り切ってくれますよ。

必要なものは、いつだって魂が教えてくれるのです。一生懸命、栄養を考えるより、直感で「食べたい！」「今日はこれ！」と強く思ったものがあったら、ぜひ食べてみましょう。

そして「おいしい！」と言って幸せを感じてくださいね。

風邪をひいたら「がんばったね」と自分を労《いたわ》る

気が緩んだときの風邪は、心の安定サイン

気が緩んだときに限って風邪をひいたりしませんか。

これにはちゃんとした理由があります。私たちは不安や心配ごとがあると、ネガティブな波動が増殖し、それが身体の中を圧迫し始め、全身の巡りを悪くしてしまいます。

いわゆる緊張状態です。

ところが問題が解決し、安心すると、体中の管がゆったりと開き始めるので、身体の中の流れが再開します。このとき、血流などが急激に流れ出すので不快感を伴います。

これが風邪です。

つまり、気が緩んだときにひく風邪は緊張状態がほぐれた証拠ですから、健康に戻ったサイン。

風邪の症状が出たら、それだけ身体に負担をかけてしまっていたんだと、労ってあげましょう。それと同時に、「リラックスできて良かったね」「よくがんばったんだね」と自分にも声をかけてあげてくださいね。きっと早く回復できるはずです。

このようなメカニズムが働いているので、常に緊張している人、反対に何が起こっても「まあ、いいか」と思える人はあまり風邪をひきません。

後者の場合は良いのですが、問題は前者の場合。血流などが滞っているので、そのことを自覚しておくことが大切です。「そろそろ要注意だよ！」というときは、魂が身体の痛み、特に、胃腸の痛みや頭痛などを通して教えてくれます。

そんなときは身体の痛みを無視せず、自分の生活や心を振り返ってみましょう。原因に気づき、「気」が通るようになれば、身体の痛みもなくなっていくでしょう。

嫌なことがあったときほど、お酒は控えて

大きな不安はアルコールに依存させる

あなたはお酒をどんな時に飲みますか？　つらいとき、苦しいとき、嫌なことがあったときにお酒を飲むのなら要注意です。

相談にいらしたTさん（51歳）は、朝からアルコールが手放せなくなっていました。そのきっかけはリストラ。49歳のとき、勤めていた外資系の会社が日本撤退を決め、退職を余儀なくされたのです。

家のローン、高校生と中学生の娘さんの教育費、そして自分のプライドなど、すべてが重くのしかかり、アルコールに頼る毎日になっていきました。

お会いしたTさんの顔は異様な土気色で、かなり悪い状況にあり、病院では何種類もの薬を処方されているとのこと。

それでも、キッチンには安い焼酎のビンが山積みで、奥さんとは毎日のように言い争う日々。娘たちも精神的に不安定な毎日を送っていました。

深刻な状況にあるTさんに、どのようにカウンセリングをしていこうかと考えていたとき、神様から次のようなアドバイスが聞こえてきたのです。

――毎日のお酒の量は減らさなくてけっこうです。その代わり、1滴も飲まない日を1日だけつくりましょう。何か飲みたくなったら、温かい白湯《さゆ》を飲んでください。そして、そのような日を少しずつ増やしてください。

もう一つ、否定する言葉を絶対、使わないように。アルコールに依存する原因は大きな不安です。ですから、その不安を取り除くことで改善します――。

私はTさんに「今までがんばってきたのだから、絶対に大丈夫。仕事もすぐ見つかるし、何も心配いらない」と励まし、とにかく不安を取り除くことと、お酒を飲まない日をつくることを心がけるように伝えました。

そして1か月後、Tさんにお会いすると、顔色も良くなり、血圧も下がったとのこと。お酒の量も明らかに減らすことができたと喜んでいらっしゃいました。家族との関係も良好になったそうです。

お酒は楽しく、幸せな気分のときに

では、お酒はどんなときに飲めばいいのでしょう。

それは、うれしいことがあったとき、楽しい気分のときです。

前にもお話ししたように、「おいしい」「楽しい」と思って食べたり飲んだりすると、それは良いエネルギーとなってくれます。お祝いごとの席は、明るい話題やにこやかな笑顔が邪気の持つ負のパワーを打ち消してくれるので、お酒の持つエネルギーを最大限に生かすことができるのです。

一方、つらく不安なときにお酒を飲むと、不安とアルコールが結びついて強力なマイナスパワーを生んでしまいます。

不安が増殖され、悪い妄想がつくり出されてしまうので、邪気もつきやすくなり、どんどんマイナス思考になっていくはめに。もともと感じていた「恨み」「悲しみ」「自責の念」が、アルコールによってさらに大きくなり、自分自身を見失わせてしまいます。

邪気を浄化できるのは、「楽しい気」や「うれしい気」です。ですから、お酒を飲むのは、うれしいことがあった日や、楽しい気分のときだけにすると決めましょう。

それと同時に、「嫌なことがあったときはお酒を飲まない」も心がけて。

でも、どうしてもお酒がやめられなくて困っている方もいるかもしれませんね。お酒には身体をリラックスさせる力があります。不安や緊張がお酒を必要とさせているのでしょう。

また、やめられない理由は、実は「やめられない自分を否定してしまうこと」ではありませんか？　それによってさらに緊張が起こることを無意識にあなたは知っています。

お酒が手放せなくなったときのことを思い出し、当時の自分の不安や緊張に寄り添ってみましょう。安心することでお酒の力がいらなくなっていきます。

お経を唱えて気を整える

でしょう。

霊も落ち着くお経の響き

お寺に行ったり写経をしたりして、心が静まったという経験を持つ人は多いでしょう。

実は、心が落ち着くのは人間だけではありません。霊もお経を聞くと落ち着きます。お経には「気」を整える作用があるので、余計なものが落ち、すっきりと安定した気持ちになるのです。

ある日のこと、むしょうにお経が聞きたくなったので、般若心経《はんにゃしんぎょう》のCDをかけたところ、突然、涙が滝のように流れ出てきて、お経が終わる頃にはスーッと気分が楽になり、何とも言えない安心した気持ちになりました。

翌日になってからわかったのですが、ちょうどその時間、知人が突然の自動車事故で亡くなっていたのです。私が感じたのは、その知人の霊の安らぎたい気持ちでした。

他にも、般若心経のCDを急に聞きたくなることが何度かありました。そのたびに、集まってきた霊はみな、ワンコーラス聞くと満足していました。仏壇やお墓で唱えると、ご先祖様も大喜びされますよ。

心のガラクタもみるみる逃げていく！

また、お経は霊だけでなく、心のガラクタとしてたまったネガティブな思い、邪気を排出するのにも効果があります。特に邪気は不安定な心の隙につけ込んできますから、疲れていると感じるなら、心の中の邪気に向かって一心にお経を唱えて。

気が整うことで邪気の居場所がなくなり、たいていは抜け出ていきますし、結界を張ることにもつながります。

ところで、お経というのはとても低い声で、おどろおどろしいとも感じてしまうような、独特の抑揚をつけて読まれますね。

ここに大きな意味があります。

私たちの声は高さによってそれぞれ周波数が違ってきますが、お経のような低い音は不安や苦しみと同じ波動を持っており、「低い声で唸《うな》る」ことで心の中に蓄積した不安や苦しみを外に出すことができるようになっているのです。わざと抑揚をつけることでそれを押し出していたというわけです。

もし、あなたの中にモヤモヤがあると感じたら、唱えてみるといいでしょう。お経でも真言《しんごん》でも、あなたになじみの深いものがあるなら何でもかまいません。

読経《どきょう》で大事なのは、正確さではなく、「自分を整えたい」という意識と「低音で唸る」ということ。これであなたを邪魔する邪念がスーッと抜け出していくでしょう。

特に唱えたいものがないなら、おすすめは般若心経です。お墓や遺影の前で読み上げると、亡くなった方の無念も、「今いる天国でがんばるよ！　あなたを守るよ！」に変わっていきます。

第6章

自浄力を研ぎすまし、人生を自分らしく生きましょう

思考フットワークを軽くする

余分なものを手放す、すべを身につけて

幸せがやってくる人に、共通していることは何だと思いますか？

それは、思考フットワークが軽いこと。つまり、考え方が柔軟なことです。

では、考え方を柔軟にするにはどうしたらいいかと言うと、まず心の中の余分なものを手放すことが必要不可欠。

でも、どんなにガラクタを片づけても日々、感情は動き、どんどん心にたまっていきますよね。そこで、そんなネガティブな感情をそのつど整理するクセをつけてみましょう。

整理方法をお伝えします。まず、ネガティブな感情がわいたら「今、私は悲しい」「すごくイライラしてる」など気持ちを言葉にして客観的に見ます。先ほどの「付箋に書いてすぐに捨ててしまう」や日記に気持ちを書くのも効きま

す。見えない感情というのは、見える形にする（可視化）と浄化していくようになっているからです。

また、できごとには必ずメリットとデメリット、両方の面が存在していますから、無理やりでもポジティブな面を探し出してみましょう。

あと、やってみてほしいのが、どんなことも自分に都合の良い状況に変えてしまうということ。

たとえば、「誕生日、彼とデートをする約束をしていたのにドタキャンされた」「求職中なのに、全然面接までたどり着けない」というのも、「彼は仕事が忙しくなっちゃったに違いない」「自分に合う会社がまだ見つかっていないだけ」と決めてしまうのです。

言葉の力が脳を安心させ、ぐんと波動が上がります。

ネガティブに襲われたときでも、思考のフットワークを軽く柔軟にしておく習慣で、物ごとはスムーズに流れていきます。

この世の経験は、すべて宝物

肉体にできて魂にできないこともある

人生は悩みでいっぱいです。しかし、神様は何があっても困らないように、私たちに「自浄力」という機能を持たせてこの世に送り出してくれたことを忘れてはなりません。

以前、勤務していた会社の同僚Oさん（32歳）は、人生に希望を見出せずに自殺をしてしまいましたが、私がお葬式に参列したところ、空から自分のお葬式を見て、慌てて私のところへやってきました。

そして「両親が、兄弟が、あんなに泣いて悲しんでいる。自分は何てことをしてしまったんだ！」とパニック状態になっています。家族にどんなに「泣かないで、ごめんね」と謝っても彼女の声は届きません。まるでマジックミラーのよう。Oさんからは家族が見えても、家族からはOさんを見ることができないのです。

後日、Oさんは「自分の家族にせめてひと言、謝りたいから声を貸してくれ」と頼んできました。最初はお断りしたのですが、Oさんは一歩も引かないので、一度だけと頼みを引き受けることに。

Oさんのお父さんが電話口に出た瞬間、私はOさんになり、電話口で何度も「お父さん、ごめんなさい！」と号泣していました。

それはとりかえしのつかない、あまりにも悲しい叫びでした。

体がなくなると、私たちは五感を使うことはできません。だからこそ、この世で五感をフルに使って手に入れる体験ほど、貴重なものはないのです。

亡くなった人は、しばしば好きだった映画を見たり、お酒を飲んだりするために、残された家族の身体に降りてきます。

会いたい人に会う、食べたいものを食べる、聞きたい音楽を聞く。明日はもうこの世にはいないかもしれない……そう思って、今しかできないことを大切に生きていきましょう。

現実を投げ出さなければ、新しい扉は開く

前向きに歩もうとする人へ許可を与えた神様

一生懸命、前に進もうとしているとき、「それ以上、つらい目にあわなくてもいいよ」と神様が許可を出してくれることがあります。

これは中学校教師Mさん（42歳）の話です。

Mさんの夫は、同じ学区の小学校に勤務していましたが、突然、ある事件を起こしてしまいました。事件は地方紙にも大きく載り、Mさんは自分の職場や子どもたち、謝罪や慰謝料のことなどでパニック状態になってしまいます。

職場や近所の目は予想以上に厳しく、一家心中まで考える苦悩の数日を送りましたが、Mさんは、いかに自分が夫の気持ちを考えない傲慢な妻だったかを反省。事実を受け止め、もう一度やり直そうと決意しました。

ところが、その3日後（！）、Mさんの夫は再び同じような事件を起こして

書類送検されてしまったのです。そんな夫に失望し、子どもを連れて離婚しました。

一見、Mさんにとって救いようのない事件で、「3日後に同じようなことをするなんてありえない」と思うかもしれませんが、心の奥にあった「夫とは、もう十分にやり切った」というMさんの魂の思いをくみ取って、神様がGOサインを出した結果です。

すでにお話ししたように、離婚はしないに越したことはありませんが、Mさんが自分を反省し、現実を受け止め、再出発しようと決心したことで、「もうこれ以上は苦しまなくていいよ。よくがんばったね」と神様が新しい扉を開いてくれたケースでした。

悲惨な状況にあるときこそ、「他人のせいにせず、そこから何かを見つけ出そう」と心がけてみましょう。

その、現実を投げ出さない純粋な気持ちに、神様はきちんと応え、応援してくれるのです。

自分を信じる、他人も信じる

相手の魂が向かう先を一緒に応援できる人に

「うちの息子、40歳になるけどまだ結婚できないの。どうしましょう？」
「また転職したなんて、どうするつもり？」
「結婚して5年も経つのに、いつになったら子どもをつくるのかしら」

クライアントさんに年配の方もいらっしゃるのですが、自分のお子さんやお嫁さん、さらにはお孫さんのことを心配しておられるケースが少なくありません。反対に高齢の親御さんをお子さんが心配されるというケースもあったり。

大切なのは、その人を信じて任せるということ。魂はそれぞれ思うところがあって、タイミングを見計らっています。相手の問題は相手を信じて任せれば大丈夫。どの人にも人生を導く魂がいて、自分で問題解決ができるようになっていきます。周りの人が本人の立ち上がる力を信じることができるようになると、本人の解決する力がグングンと高まっていくのです。

先ほどの話ではありませんが、他人の人生に口を出す前に自分の人生を真剣に生きましょう。

そんなことを意識しているうちに、物事をポジティブな面でとらえるのが当たり前になり、ねじれた考え方やネガティブなとらえ方がそぐわなくなってきます。そうなったら、しめたもの！

心配のエネルギーからは心配しか生まれませんが、安心すれば心が軽くなり、健康も、お金も、いい仕事も、素敵な人間関係も、もれなくついてくるようになりますよ。幸せは外から調達するものではなく、自分から泉のようにわき出てくるものだとわかり始めます！

幸せへの近道は、相手の魂が向かう先を一緒に見つめて応援してあげること。相手のペースに任せて温かく見守れるようになれたとき、周りのすべての人の波動が高くなり、それぞれが自分の喜びを手に入れることができるようになっていくでしょう。

他人を批判するより、自分に集中

人を詮索することほど愚かなことはない

神様はやさしく、どんな人に対しても何度でもチャンスをくれる、絶対に裏切ることのない、あえてたとえればマザー・テレサのような存在です。

そんな神様に私は一度だけ、ひどく叱られたことがあります。

それは、ある知り合いの女性が、よく当たるという高名な占い師に占ってもらったという話を聞いていたときのこと。彼女は手相に病気の相があると言われ、不安を感じていました。

しかし、彼女の話をよく聞いてみると、その占い師は不安をあおるようなことを言いつつも、けっこうな鑑定料を取り、かなりもうかっている様子。

私は傲慢にも「人を不安に陥れてもうかるって、どういうこと？」と他人の商売のやり方まで考えてしまいました。

そのときです。私に稲妻のような悪寒が走りました。それは長い間続く悪寒でした。そして神様は「人のことは詮索しなくていい。人を笑ったり、批判したりする資格など誰にもないのだよ」と教えてくれたのです。

神様からのそれ以上の言葉はありませんでした。しかし、批判した占い師の念とつながってしまい、相手の生霊が私のところに飛んできては、私に批判された怒りをぶつけてきたのです。

人が、「みっともない」ことをしているのは、私たち自身も「同じようなことをしていない?」と問いかけるため、神様が見せている事象です。「人のふり見て我がふり直せ」と昔の人はうまいことを言ったものです。さまざまなニュースを、他人《ひと》ごとだと思わずに、自分にも思い当たることはないか、自分がその立場だったらどうだろうなどと自問してみましょう。

そして人をむやみに詮索し、批判することは、エネルギーを不毛に費やすのと同時に、相手の生霊を引き寄せることになりかねません。「限られた貴重な人生。自分のことだけに集中して」――神様はそう教えてくれたのです。

神様のつくった流れに身を任せればいい

否定することをやめ、相手のいい部分を見て

「あの人の服のセンスどうしちゃったんだろう？」

「ああいう言い方をする人って、みんなに嫌われて当然！」

そんなふうに思ったことはないですか？

幸せを目指しているのになかなか手に入らない人は、つい他人を否定してしまうクセがあります。


もしも他の人が目についてしまうのだとしたら、私たちは神様に与えられた雲に乗っていると思ってください。

雨や風、気流の影響で違う方向に流れてしまうかもしれませんが、気流の動きそのものが宇宙の流れでもあるので、その流れに逆らわずふわふわと浮かんでいる様子をイメージします。

神様のつくった流れに乗っていると感じ、安心した気持ちで進むこと――これこそが、幸せへの最短ルート。

神様は、「この世に存在するものすべてが、誰かの癒しとなっていて、不必要なものは何もない。なくすべき悪はあっても、それさえ誰かの必然があって存在する」と言います。

ですから、好き・嫌いはいったん脇において、否定することをやめてみませんか？　反対に相手のいいところを見つけるのです。天の流れに乗って奇跡を受け取るためには「軽さ」が命。思いやりの気持ちは暖かい上昇気流をつくります。他人やできごとに対する頭ごなしの否定は、それに反する重さを持っています。

すべての物ごとをポジティブにとらえられるようになると宇宙の流れに乗れるので、こちらからアクションを起こすまでもなく、望んだ奇跡が次々に起こり始めます。

人をうらやむのではなく、自分だけの人生を

誰もみな、同じ量の苦しみを抱えている

映画やコマーシャルに出演している、世界に影響を与える活動をしている、など、活躍している人を見て、なんだか悔しい気持ちになることはありませんか。また、「自分はどうしてあんなふうになれないんだろう」「人生は不公平」と、自分を情けなく思ったりすることはありませんか。

ある晩、テレビでバレエ番組を見ていたときのことです。

「あぁ~、私もあんなふうにカッコいいバレリーナだったら、人生は輝いて素晴らしいものだっただろうなぁ」などとぼんやり考えていました。

すると、そのときです。身体中に苦しみが走りました。

「なんで？　何、これ？」

一瞬にして、私は、世界的に成功を果たした有名なバレリーナになっていま

した。そして、レッスン場の大きな鏡の前で、どうしても感情を表現しきれない場面に苦しみ、何度も何度も同じステップを踏んでいるところでした。

その姿は汗にまみれ、顔は苦しみにゆがみ、ただひたすら孤独と闘っていたのです。1日何十時間にも及ぶ厳しいレッスンと、世界の舞台を舞う大きなプレッシャー。

私の感じたものはそれらが一つになった重みでした。

私たちは、つい華やかさやカッコよさだけを見てうらやましいと思いがちですが、その水面下での努力は、大きなことをしている人ほど苦しみをともなうものであることを、神様は私に見せてくれたのです。

そして、どんなに成功している人であっても、それは自分が抱えるものとほとんど何も変わらない大変さを抱えていること、いいことも努力すべき量もみな同じであることを教えてくれました。

カッコいい人は決して人をうらやみません。大切なことは自分自身の人生をしっかり歩くこと。それが究極のカッコよさなのです。

クリアになった心には最速で幸運が舞い込んでくる

本当の気持ちを置き去りにしていた自分

ここからは、自浄力を身につけた結果、どのような幸せを手に入れることができるようになったのか、クライアントさんや知人の体験談をお伝えしたいと思います。

まずは、相談内容で一番多い恋愛問題について。カラーコーディネーターを目指して勉強中の会社員、Rさん（29歳）のお話です。

初めて相談に来た頃のRさんは、不安になるたびにさまざまな占い師に見てもらっていました。

その中の一人の占い師に手相を見てもらったところ、「あなたはあまり男性運が良いほうではない。離婚の可能性もあるので結婚相手を決めるときは気をつけるように」と言われたそうです。

Rさんにはつき合っている彼がいて、彼との結婚を考えていましたが、そんなこともあり、なかなかプロポーズをしてくれないし、「自分から言うのもどうなんだろう」と悩んでいました。

ところがある日、Rさんが自分の手のひらを見つめていたときのことです。手のひらは、ふっくらと柔らかで、手相や、手のひらのくぼみ・ふくらみの吉凶などみじんも関係なく、何かを受け取ろうと温かなオーラを放っていることに気づきました。

その瞬間、Rさんは占い師の言葉をすべて忘れ、彼のことを思い出して、涙が止まらなくなりました。

「自分の気持ちはどこへ行ったの？」「自分はどうしたいの？」「それを自分自身にきちんと聞いたの？」

そのとき、確かに魂の声を聞くことができたのです。そして、Rさんの心は決まりました。

「好きなら好きだと伝えよう。ダメならダメでいいじゃない。結婚したいと思える人に出会えるなんて、私はなんて幸せなんだろう……」

あふれる涙もそのままに、Rさんは彼にメールをしたそうです。「今度、いつ会える？」

つらいことがあったときは過去の自分のつらさを思い返し、その気持ちに寄り添ってみたり、付箋に感情を書き出してみたりしながら自浄力をつけていくうち、人に自分の進路を決めてもらうのはもったいないと気づいたRさん。その後、「彼と結婚に向けて準備を始めたところです」と、満面の笑みで報告に来てくれました。

自浄力は、自分で自分の幸せを勝ち取るため、魂の声に添ってまっすぐに導いてくれたのです。私もこの報告を受けてうれしい気持ちでいっぱいになるとともに、自分の心で動いてこそ、初めて本当の幸せを手に入れることができることを、改めて教えてもらいました。

心が整理されると理想の男性がすぐそこに

パーフェクトな男性が本当に現れた！

秘書のOさん（35歳）は、誰とつき合っても長続きしないという悩みを抱えていました。

そこで、彼女の潜在意識に入って幼児期の記憶をたぐると、そこには愛人を持った父親と、そのことで幼い頃から異性に対して不信感を抱くOさんの深層心理が見えてきました。

今まで、ふられるたびに「自分が悪いのではないか」と自信をなくし、自責の念でいっぱいだったOさんでしたが、自分だけが悪いのではないということを知り、自浄力をつけるように毎日、努力をするようになったのです。

そして、「こんな男性に出会う！」という目標を積極的にリストアップして、それを毎晩、読み上げていました。

Oさんの作った男性リストは、次の通り。

❶背が高くイケメンのスポーツマン。もちろんセレブと呼ばれる人
❷芸能人や著名人に多くの知り合いがいる、すごい人脈の持ち主
❸国籍不問、ただし、日本語でコミュニケーションが取れる人
❹タバコは吸わない。音楽のセンス抜群。アートから国際情勢まで幅広い知識を持っている人
❺外国と日本を行き来する会社経営者。居住地は横浜か都内ベイエリア。乗っている車は左ハンドル

「こんなできすぎた人、いるわけがないよなあ」と、本人も苦笑しながらの読み上げでした。ところがそれから半年後、なんと奇跡が起こります。

ふと誘われた人数合わせのパーティでOさんが紹介されたのは、まさにリスト通りの男性。パーティが終わった頃、その男性からさりげなく「送りましょ

う」と誘われ、乗せてくれたのは左ハンドルの外国車。

彼はアメフトをたしなむスポーツマンで、ドイツに住んでいたこともあり、アラブの石油王が訪日の際にはエスコートした経歴もあるという、Oさんのリストを総なめにしたパーフェクトな男性でした。

彼女は驚きのあまり、生れて初めてほっぺたをつねったと言います。

Oさんは心のガラクタを整理することで、本当に自分が望む男性との出会いを手に入れることができました。

そして何よりも、「自浄力を高めさえすれば『何でもできるはずだ』という自信を与えてくれた」と心から実感してくれていました。

そう。自浄力はあなたが望む幸せを叶えてくれるすばらしい力です。その与えられた力を十二分に働かせることで、思い通りの人生を送ることができるようになるのです。

運命の人は、必ずあなたにもやってくる

潜在意識に刻み込まれた結婚に対する嫌悪感

運命の人に出会っていたのに、気づいていなかったというケースがあります。クライアントのN美さん（38歳）は、自分の結婚相手に、「年収1千万円超、イケメン、スポーツマン、同性の友人が多い、浮気を絶対にしない人……」など、あらゆる条件をつけていました。

そしてこの条件に当てはまった男性に出会うやいなや、性格が合わないにもかかわらず、豪勢なセレブ婚をあげて結婚したのです。

ところが幸せは最初の3か月だけ。2人は言い争いが絶えず、心は別々の生活を始めます。

実は、N美さんが結婚を決めた頃、N美さんにプロポーズをしてくれたM君がいましたが、結婚がうまくいかなくなってからというもの、M君の夢ばかり

見るように。「もしかしたら相手に恨まれているのではないか」などと心配になるほどでした。

しかし、そこには意外なからくりがひそんでいました。時はN美さんの幼少期にさかのぼります。

N美さんの父親は浮気グセがあり、常にいろいろな女性との問題が絶えず、時にはそれらしき女性と母親が電話で口論しているのを聞くなど、幼い頃から母親の悲しみや怒りを受け止めて生きてきました。

そして、そのことがN美さんの心に男性に対する不信感、結婚に対する嫌悪感を植えつけていくことになります。

「好きな人と結婚しても、浮気をされて悲しい思いをするくらいなら、好きでもない人と結婚したほうが、何が起こっても気にならない」

それがN美さんの出した結論でした。

N美さんの潜在意識はこう言っています。

「あの時、プロポーズしてくれたM君をふったのは、ふられる恐怖を味わいたくなかったから。でも、私が本当に好きだったのはM君だった」

N美さんはその言葉を聞くなり号泣し、長い間、泣き続けていました。でもその後、男性を見る目が180度変わり、条件ではなく直感で選ぶことができるようになって後日、しっくりくる人と出会えたそうです。

繰り返しお伝えしていますが、幼少期に起こったできごとは、癒されないでいると大人になってもこうして潜在意識の中に残ってしまいます。

まず幼少期から独立するまでの間の、親やきょうだいとの関係を思い出してみましょう。「本当はもっとわがままを言いたかった」「もっと親に抱きしめてほしかった」など、本当はどうしたかったのかをあぶり出すと、心のガラクタが出てきます。

すると心のガラクタは「気づいてくれてありがとう」と笑顔で飛び出し、浄化されていくでしょう。

そして、余計なものがなくなった心が、本当に必要としているものは何かを考えます。

たとえば「運命の人に出会いたい」と思っているなら、その人に求めるものが年収の高さなのか、それとも穏やかな心なのか、などです。

運命の人、赤い糸で結ばれた相手というのは、誰にでも必ず用意されています。そんな運命的な出会いは自分の波動がクリアになり、高まってからやってくるもの。

もし今みなさんに素敵な人がいるなら、みなさんの波動はすでに高まり始めているということだし、もしもまだならこれから必ず現れます。そのタイミングやシチュエーションは天界がベストな状況を決めてくれていますので焦らないでくださいね。

純粋なエネルギーは同質のものをひきつけます。そのときになったら、あなたを幸せにする「運命の人」が目の前に現れるでしょう。

誰でもソウルメイトに守られている

宿命の人がもたらす役割とは？

運命と宿命という言葉がありますが、運命とはあなたの気持ちや考え方次第でどうにでも変わるもの。一方、宿命とは自分では動かしようのない最初から与えられた状況のことを言います。

では、ソウルメイトとは、「運命の人」か「宿命の人」かで言うと、宿命の人を意味します。

宿命の人なので、幸せな関係と言うよりは、仕事や恋愛でのライバルだったり、つらい親子の関係だったりなど、あなたにとって嫌な相手である場合も少なくありません。

社内で上司からパワハラを受け続けてきたT子さん（31歳）から、「正社員

として せっかく入った会社だけど、辞めようかと悩んでいる」と相談を受けました。

自分だけ会話から外されることは日常茶飯事で、いやみや皮肉ばかりのつらい毎日に、職場に向かう意欲も失っていました。

ところが、カウンセリングの最中、T子さんの魂の周りにそのパワハラ上司の姿が現れました。彼はニコニコ笑って、自分はT子さんと今生《こんじょう》で出会う約束をしていたソウルメイトで、T子さんに会社を辞めさせる役割を割り当てられたのだと言います。

「T子さんがここで学ぶことはもう終わったよ」

そう言って彼は手を振っていました。

私は彼女に、「上司はソウルメイトであり、つらく当たるのもあなたにとって必要なことのようだ」、という旨だけを話しました。

その話を聞いて、「まさか、あの人がソウルメイト⁉」とびっくりしていたT子さんですが、間もなく「私にふさわしい会社が見つかり、無事、転職できました」と報告に来てくれました。そんなTさんを見ながら、あのパワハラ上司の魂が満足そうにしていたことを今でも覚えています。

ソウルメイトとは、このように苦痛を与えることで成長を促す「嫌なヤツ」のほうが多いものなのです。

一方で、T子さんはこのパワハラ上司に、パワハラをすることの不快感を反省させることで、相手の成長を促すという「お礼」をしました。互いにとって必要な経験だったというわけです。

運命の人はあなた自身が見つけるもの

宿命の人は出会うことが決められた相手ですが、一方、運命の人はそうではありません。運命の人は、あなたが選ぶ人です。

ですから、106ページなどでお話ししたように、自分がどんなオーラを出しているかによって出会う人も変わってきます。

幸せな関係を築ける運命の人との出会いを邪魔しているものとは、心のガラクタに他なりません。

ガラクタを手放さなければ、「類は友を呼ぶ」で、今の自分と同じような波動の相手が寄ってきます。

あなたがもし恋愛に恵まれないと感じているなら、自分を「重く・暗く」するものを知って、それらを持たない習慣をつけることです。

「そうは言ってもなかなか考え方を変えられない」という場合は、今、失いたくないもの、家族、恋人、仕事、ピアノ、愛犬などを数えて、そのありがたさに感謝することをおすすめします。今、息ができて手足が動かせることも、屋根のついた家があって温かいご飯が食べられることも、決して当たり前ではありません。

今ある幸せを実感してくださいね。

自浄力が働き出すと必要なものが必要なタイミングでやってくる

強い決意こそが神様の援助を呼ぶ

お金が次々に入ってきた、知人の不思議なお話です。

不況で夫の給料が下がり、厳しい生活を強いられたＩさん（37歳）。彼女は、自分たち夫婦の学歴に不満を持っていて、２人の息子は私立中学に入れたいと考えていましたが、周りは経済的に無理という理由から猛反対。

しかし、息子たちも一生懸命、勉強し、２人とも私立の中高一貫校に入学。その後、大学も見事、第一志望校に合格を果たしました。

Ｉさんは、自浄力を身につけてからというもの、子どもたちの部活の合宿費、修学旅行費、定期代など、まとまったお金が必要になると、どこからか助けの手が伸べられるようになったと言います。

自治体の援助金、実家の支援などよくあるものだけでなく、払いすぎた塾の月謝が戻ってきた、マンションの上階の水漏れで火災保険がおりた、駐車場の場所を譲った謝礼など、「ありがたい偶然」の連続だったとか。

また、「始めよう」と思って申し込みに行った習い事が募集終了になっていた、欲しかった家具が売れてしまったなど、そのときは一見、残念な結果に思えたことも、あとになってみると不要なものだったことがわかったり、買わずにすんだというIさんにとって必要な「偶然」だったのです。

お金というのは必要な額だけ必ず、自動的にあなたの人生に振り込まれるようになっています。

「そんなことあるはずない」という不信感や、「これじゃたりない」という不満が天からの自動送金を遮ってしまうことになります。

叶えたい希望が本当に望むものであり、揺るがぬ思いを持ち続けることができるなら、そこへ到達するためのエネルギーを次々と生み出すよう神様が力を貸してくれます。魂の喜ぶ声であるのなら、何も心配することはありません。

人生をやり直しても必ず今と同じことを選択する

魂は常にベストの選択をしている

幸せそうな人を見て、「あの人は仕事も周りの人間関係も恵まれていて、うらやましい」と思うことがあるかもしれません。なぜ、自分の人生にはつらいことばかりが起こっているのに、周りのみんなは幸せそうなんだろうと。

人生につらいことが多い人は、生まれ変わりの輪廻転生回数が、そうでない人とは比べものにならないくらい多い、という特徴があります。

以前、ご両親が、経済的な問題で子育てができず、施設で育った男性に出会いました。彼は学校に思うように通えず、定職につけない、身体も弱く、入退院を繰り返すなどなかなか豊かになれず、どうしていいか答えの出せない状況で苦しんでいました。

この方をリーディングすると、インドで僧として大変な修行をしているところが出てきました。さらに戦争で敵国の捕虜となり、ひどい目にあったこと、キリスト教の司祭として人を助けていたのに、奴隷として連れていかれたなど、他の人にはないような深くつらい経験の過去生がいくつも現れました。

輪廻転生でたくさんの人生経験を積んだ人は、今生では人を幸せに導くお役割を与えられていて、人の悲しみや苦しさに寄り添うため、今の人生でも苦しい経験が敷かれた人生のブループリントを持って生まれてくるケースが多くあります。

ブループリントというのは「これだけは必ず盛り込んでほしい」という魂の成し遂げたい夢や避けたいことが書き込まれている人生の企画書のようなもの。

つらい日々が続いているのだとしたら、あなたのブループリントには「悲しんでいる人を助けたい！」が書き込まれていて、そのため、今回の人生で、甘くない経験を次々とすることで寄り添い力を高めているのです。

そういう人はメガ級の高い能力とメガ級の神々のサポートも兼ね備えてきて

いるもの。人を元気づけるお役割を選んで生まれてきてくれたあなたを、神様は「どんなことをしても守り、人生を成功に、笑顔に導く！」と誓っています。あなたが人生で「失敗」と思っていることも、「間違った」「なんであんなことしちゃったんだろう……」と思っていることも、すべてその後、困っている人にやさしく寄り添うために必要なこととして設定されている――それは神様や魂や過去世が相談して決めた企画です。

だから生まれ変わっても必ず同じことが起こるし、あなたがしなくても同じ結果になります。起こったことはもう動かせないなら、さてどうするか。それがあなたの値打ちとなるのです。

大丈夫。すべて最高の人生になるように導かれていますから。

ちなみにこの男性は、「自分にはそういう役割があるから、つらい経験がきたのだ」ということに納得し、安心していました。それまでは「自分なんて紙切れみたいなもの」と思っていたそうですが、波動が上がり、自己肯定感を持って安心して生きることができるようになったそうです。

魂は、みな金色に輝いている

可能性に満ちあふれた魂

あなたの魂は、何色か知っていますか？

私は以前、会社の同僚の女性と話をしていたとき、彼女の姿がまぶしく輝き出して目を開けていられなくなりました。

突然、彼女が太陽のように光り出したのです！

その光の正体とは、魂でした。神様が「これが魂の光だよ」と教えてくれた瞬間でした。そして神様は、「すべての人がこの輝きを自分の中に持っているのだよ」とも言っていました。

その光は、昼間に見る太陽のように強く、美しく、すべてを可能にするパワーを秘めていたのです。まさに私たち人間の可能性そのものの輝きでした。

光は一瞬で消えてしまい、その彼女も、だからと言って何の変化もなかったのですが、私にとっては、誰もがこの輝きを持っているのだということをまざまざと教えられたできごとでした。

宇宙のエネルギーは魂に供給される

また、何年か前のことです。休日の午後、ソファでぼぉーっとしているとき、何の前ぶれもなく、自分の魂がロケットのように空へ打ち上げられました。青い空をまっしぐらに進み、大気圏を越え、だんだんと暗くなる中、瞬時に宇宙へと飛ばされたのです。

そこで私は3秒くらいゆらゆらと浮かんでいましたが、次の瞬間、また同じスピードで雲の層を落ちてゆき、自分の身体に収まりました。

宇宙は私たちが見る映像と同じ真っ暗闇でしたが、その温かいことと言ったら。まるで母親の腕の中に抱かれている感覚だったのです。何の不安も感じる必要のない穏やかな空間でした。そして、これまで感じたことのないキラキラとした繊細なエネルギーに私の心は満たされていました。

この体験から、「私たちは魂を通じて、宇宙にあふれる繊細でパワフルなエネルギーを常に供給されているのだ」と確信しました。魂はすべての生きる源となるエネルギーに満たされると、金色に輝き、思う方向に人生を進んでいくことができるのです。

魂へのエネルギーの供給は、生まれてきたときに一生涯、送り続けられることが保証されています。ですから、どんなに困ったことがあっても、そのエネルギーを持ってさえいれば、必ず解決できます！

そのことを信じて、私たちへ送られているエネルギーをしっかり受け取り、魂の声を聞ける状態に保っておくことこそ、自浄力を発揮する最大のポイントになるのでしょう。

「自浄力」という存在に気づき、それを上手に働かせるコツを知ることで、いくらでも幸せを手に入れることができるのです！

本当にやりたい仕事を教えてくれた魂のメッセージ

頭に浮かんだひらめきを大切に

自浄力が働き、魂とのコミュニケーションが取れるようになっていくと、自分が本当に進みたい道が拓けてきます。

ＩＴ業界で働くＳさん（34歳）は、大学卒業後、希望する会社に就職できず、今の会社は転職の末の４社目の企業。

どういうわけか転職するたびに労働条件は落ち、残業はもちろん、休日出勤も当たり前というブラック企業ばかり。しかし、これ以上、転職を繰り返すわけにもいかず、一生懸命働いていました。

そのうち出社時に激しい頭痛に襲われるようになり、医師からは、ストレスによるものなのでできるだけ早く仕事を離れるよう、強くすすめられてしまいました。

そのとき、Sさんの頭にふと、「天秤」のイメージが浮かんだそうです。天秤には、「今の仕事を続けて疲れきっている自分」と「元気な自分」が秤《はかり》にかけられていて、心と身体が元気でいる自分のほうが何倍も重いことを一瞬にして悟りました。

そのとたん、身体が軽くなり、パワーがみなぎるのを感じたと言います。

Sさんはすぐに退職手続きをとりました。すると、タイミング良く、以前から働いてみたかった企業の募集を新聞で発見し、応募。面接の日の朝方、大型客船が堂々と出航する夢を見たSさんは、見事、その企業への採用が決まりました。今はそこで能力をフルに活かし、活躍されています。

実は、天秤も船も、魂がくれたメッセージ。

魂は、人生で一番望んでいることに早く気づくことを待っていて、「ステージクリア」を常に見守っているのです。

自浄力があれば、すべて自分で解決できる！

お金で解決できたと思っても、いつも誰かに依存

浄霊師にお祓《はら》いをしてもらえば、心のガラクタが一度に整理できると信じてお願いをする人もいますが、それはちょっと違うかもしれません。

私のクライアントで、34歳になるF子さんは、占い師に「あなたには色情霊（恋愛で傷ついて恨んでいる霊）が憑いている」と言われ、ある浄霊師に5万円を払ってお祓いをしてもらうことにしました。

小一時間、浄霊をしてもらったあと、F子さんは本当にすっきりと晴れやかな気分になったそうです。そのとき浄霊師に、「まだ何体か憑いているから、あと2、3回は来たほうがいいでしょう」と言われ、F子さんは再びそこを訪れ、また5万円払って浄霊してもらいました。

すると浄霊師が言うには、「もう一度浄霊したら、あなたは完全にきれいになりますから、そうしたらあなたの中に守護神様をお入れしましょう。30万円あればできます」とのこと。

これを聞いたF子さんは、「これで無敵の人生を送れる!」と、とても心強い気持ちになったそうです。

ところがそれを仲の良い友だちに話したところ、「それ、おかしくない? Fちゃんはその人に一生お金を払い続けることになるんだよ」と諭され、ようやく目が覚めたのでした。

その後、縁あって、私のところに来てくれるようになり、今ではすっかり自分の足で自分の人生を歩ける人になりました。

生まれたときに授かった自浄力を信じよう

F子さんはなぜこのような高額なお金を出そうと思ったのでしょう。それは霊や邪気は目で見えるものではないからです。確かなものではないからこそ、視《み》える（と言う）霊能者になんとかしてもらおうと他力本願になってしまう気持ちもわからなくありません。

しかし、これではただの依存になってしまいますし、魂は決して誰かに浄《きよ》めてもらおうなどと思っているわけではないのです。

人は、可能性を受け取る手と、大地をしっかりと感じる足もとが見えていれば十分です。それに、霊や邪気を見ることができないのは見る必要がないので、神様があえて見えないようにしているだけのこと。

そこには「何か問題が起こったときに、その解決を外に求める必要はない」、つまり、「すべては自分で解決できるようになっているんだよ」という神様からのメッセージが含まれているのです。

何かの不運や問題を、ご先祖の因縁や前世、宿命に求めてしまう気持ちもわかりますし、実際にそのようなことで解決することもあるのかもしれません。安心することで解決に向かうケースもあるでしょう。依存が魂のレッスンという場合もあります。

ただ、本当なら「すべては自分で解決できることなのだ」ということを忘れないでください。

生まれたときに授かった自浄力があれば、どんな問題が起こっても必ず解決できるし、自分の夢を実現させることができます。本来の自分自身に備わっている力を信じることで、素晴らしい未来が待っているのです！

私たちには「現在」しかない

今、目の前にあることにエネルギーを注いで

「あれ、この場所、前に来たことがある気がする」

「このシチュエーションってなんだか覚えがある」

など、今、目の前に起こっていることが、前にもあったと感じる体験はありませんか？

これをデジャヴと言いますが、実は、それは以前、実際に体験していることです。

「そんなわけない」と思う人がほとんどでしょう。でも天界の「現在・過去・未来」は、私たちの時制とはまったく違った展開をします。

私たちは、過去の1日1秒を積み重ねたピラミッドの頂点である「現在」に立っていると同時に、自分で決めた「未来」という道を「なぞる旅」もしています。

願う夢がぶれない、やりたいことがビジョンとして何度も現れるというのは、一度、体験したことをなぞって進んでいるため、無意識に確信を持つことができるというわけです。

それを神様がときどき思い出させてくれるのが、デジャヴ。「今のままで大丈夫だよ。心配しないで」と声をかけてくれているのです。

今現在への関わり方で、確実に未来は変わります。過去の後悔や未来への不安にエネルギーを注ぎ込む代わり、今、あなたが手にしているもの、過去と比べて良くなったことを数えてみてください。

「地に必死、それこそが天に必至」

これは、私が神様からもらった大切な言葉の一つです。

今、目の前にあることに必死で取り組み、エネルギーを注ぐことが、理想の未来に最速で導かれるということなのです。

心のガラクタを宇宙に返すワーク

付録

SHEET ❶

ネガティブな気持ちを宇宙に返すシート

① ネガティブな気持ちになったできごとを思い出し、1枚に一つの事柄を書き出しましょう。何枚書いてもかまいません。また反省する必要もありません。自分の中のネガティブな感情に気づけばいいだけ。感情に丸をつけたり、書きたしたりしてください。

② 書き終わったら「宇宙に返します。ありがとうございました」と唱え、鼻で深呼吸をします。
息を吐き出すときに、不要な気持ちをすべて宇宙に受け取ってもらっているイメージをしましょう。

③ 折りたたんでゴミ箱に捨てます。気持ちがザワついたら、何度でも繰り返します。
心のガラクタをためないことがエネルギーのいい流れをつくり、本当に魂が望んでいることをキャッチできるようになります。

SHEET ❶ 書き込み用

ネガティブな気持ちを宇宙に返すシート

名前

年　　月　　日（　　曜日）天気（　　　）

感じたこと

悲しかった

悔しかった

怖かった

寂しかった

苦しかった

許せなかった

理由

＊コピーをしたり、紙に同じように書いたりして使います。

SHEET 2

罪悪感を
宇宙に返すシート

---

1 謝りたいことを思い出し、1枚に一つの事柄を書き出しましょう。
そのときの状況と、なぜそのようなことをしてしまったのかなど、本当の気持ちをすべて書き出すことで、自分だけが悪いのではないと気づけるでしょう。罪悪感として残っている気持ちを正直に書き出すのがポイントです。

2 書き終わったら「本当にごめんなさい。宇宙に返します。ありがとうございました」と唱え、鼻で深呼吸をしながら、罪悪感をすべて宇宙に受け取ってもらっているイメージをしましょう。

3 折りたたんでゴミ箱に捨てます。
もし、本人に直接、謝れるのであれば、今からでも遅くはありません。勇気を出して！

SHEET 2 書き込み用

罪悪感を宇宙に返すシート

名前

年　　月　　日（　　曜日）天気（　　　）

謝りたいこと

誰に？

何を？

なぜ、そうしてしまったのか

＊コピーをしたり、紙に同じように書いたりして使います。

日下　由紀恵（くさか　ゆきえ）

「癒しのカウンセリング」を行うスピリチュアル・心理カウンセラー。宇宙を統括するエネルギー体の存在・神様との会話のチャンスを授かり、人間の持つ可能性をマックスに機能させる「自浄力」のしくみについて教示を受ける。相談者本人の魂と直接アクセスし、問題解決に導く「魂のアクセスリーディング」で幸せスイッチをオンにするカウンセリングは、予約1年以上待ちの人気。国内にとどまらず、海外からもカウンセリングを受けに訪れる。生霊・未成仏霊・地縛霊の浄霊活動にも携わり、浄霊数は1千万体以上にのぼる。『神様からのGift Word』『亡くなったあの人と話したい……をかなえる本』（ともに永岡書店）など著書多数。著者累計は27万部を超える。
日本各地で講演、セミナー、カウンセリングを精力的に行う。ほかに、カラーアナリスト、翻訳家としても活躍。オフィス・インディゴ代表。
公式ホームページ：https://www.kusaka-yukie.com/
公式ブログ：オーラが輝く！神様が教えてくれた自浄力
https://ameblo.jp/officeindigo

本文デザイン　東條加代子
イラスト　佳矢乃
校正　大西華子
編集協力　橘内美佳

自浄力のすすめ
心のガラクタの片づけ方

2022年5月10日　第1刷発行

著者　日下由紀恵
発行者　永岡純一
発行所　株式会社永岡書店
〒176-8518　東京都練馬区豊玉上1-7-14
電話 03-3992-5155（代表）　03-3992-7191（編集）
DTP　センターメディア
印刷　アート印刷社
製本　コモンズデザイン・ネットワーク

ISBN978-4-522-45408-4 C0176